틈만 나면 보고 싶은
융합 과학 이야기

인공위성 캔돌이를 쏘아라!

틈만 나면 보고 싶은 융합 과학 이야기
인공위성 캔돌이를 쏘아라!

초판 1쇄 발행 2015년 12월 25일
초판 2쇄 발행 2016년 12월 27일

글 지호진 | **그림** 이창우 | **감수** 구본철

펴낸이 이욱상 | **창의1실장** 강희경 | **편집장** 김영미 | **책임편집** 윤선미
디자인 마루·한 | **본문 편집** 구름돌(문주영, 이현경, 김홍비, 홍진영)
사진 제공 유로크레온, 헬로 포토, 두피디아 포토박스, PNAS

펴낸곳 동아출판㈜ | **주소** 서울시 영등포구 은행로 30 (여의도동)
대표전화(내용·구입·교환 문의) 1644-0600 | **홈페이지** www.dongapublishing.com
신고번호 제300-1951-4호(1951. 9. 19.)

©2015 지호진·동아출판

ISBN 978-89-00-38928-9 74400   978-89-00-37669-2 74400 (세트)

틈만 나면 보고 싶은
융합 과학 이야기

인공위성 캔돌이를 쏘아라!

글 지호진   그림 이창우
감수 구본철(전 KAIST 교수)

[동아출판

미래 인재는 창의 융합 인재

이 책을 읽다 보니, 내가 어렸을 때 에디슨의 발명 이야기를 읽던 기억이 납니다. 그때 나는 에디슨이 달걀을 품은 이야기를 읽으면서 병아리를 부화시킬 수 있을 것 같다는 생각도 해 보았고, 에디슨이 발명한 축음기 사진을 보면서 멋진 공연을 하는 노래 요정들을 만나는 상상을 하기도 했습니다. 그러다가 직접 시계와 라디오를 분해하다 망가뜨려서 결국은 수리를 맡긴 일도 있었습니다.

지금 와서 생각해 보면 어린 시절의 경험과 생각들은 내 미래를 꿈꾸게 해 주었고, 지금의 나로 성장하게 해 주었습니다. 그래서 나는 어린 학생들을 만나면 행복한 것을 상상하고, 미래에 대한 꿈을 갖고, 꿈을 향해 열심히 도전하고, 상상한 미래를 꼭 실천해 보라고 이야기합니다.

어린이 여러분의 꿈은 무엇인가요? 여러분이 주인공이 될 미래는 어떤 세상일까요? 미래는 과학 기술이 더욱 발전해서 지금보다 더 편리하고 신기한 것도 많아지겠지만,

우리들이 함께 해결해야 할 문제들도 많아질 것입니다. 그래서 과학을 단순히 지식으로만 이해하는 것이 아니라, 세상을 아름답고 편리하게 만들기 위해 여러 관점에서 바라보고 창의적으로 접근하는 융합적인 사고가 중요합니다.
나는 여러분이 즐겁고 풍요로운 미래 세상을 열어 주는, 훌륭한 사람이 될 것이라고 믿습니다.

　　동아출판 〈틈만 나면 보고 싶은 융합 과학 이야기〉 시리즈는 그동안 과학을 설명하던 방식과 달리, 과학을 융합적으로 바라볼 수 있도록 구성되었습니다. 각 권은 생활 속 주제를 통해 과학(S), 기술공학(TE), 수학(M), 인문예술(A) 지식을 잘 이해하도록 도울 뿐만 아니라, 과학 원리가 우리 생활을 편리하게 해 주는 데 어떻게 활용되었는지도 잘 보여 줍니다. 나는 이 책을 읽는 어린이들이 풍부한 상상력과 창의적인 생각으로 미래 인재인 창의 융합 인재로 성장하리라는 것을 확신합니다.

전 카이스트 문화기술대학원 교수　구본철

우주에 떠 있는 인공위성을 바라보며

문득 몇 년 전 동아출판과 처음 만났던 때가 기억납니다. 우리 어린이들을 위해 하나의 소재로 과학(S), 기술 공학(T&E), 인문 예술(A), 수학(M)을 한데 아우르는 재미있고도 유익한 책을 만든다는 계획은 저를 당황하게 했습니다. 하지만 그런 당황도 잠시, 어린이 융합 교육을 위해 새로운 접근 방법으로 책을 만든다는 생각에 기대를 품게 되었지요.

저는 책을 집필하며 멋진 인공위성들과 무척 친해졌습니다.

'우리 대한민국이 쏘아 올린 인공위성은 지금쯤 어디에서 어떤 일을 하고 있을까?'라는 생각을 하며 밤하늘을 쳐다보면, 인공위성 하나가 나를 내려다보다가 반짝이며 말을 걸어올 것 같은 착각에 빠지기도 했답니다.

그렇게 매일매일 인공위성을 생각하며 자료를 찾고, 인공위성에 대해 연구하기 시작했습니다. 저는 이 과정을 통해 우주에 대한 꿈을 새로 품을 수 있었고, 인공위성의 종류와 모양과 하는 일 등을 통해 과학 기술이 우리 생활과 어떻게 관계를 맺고 있는지, 얼마나 큰 도움을 주는지 알게 되었어요. 또 수학 지식이 인공위성의 발달에 얼마나 큰 역할을 하는지도 알게 되었지요.

이 책에서는 이런 내용들을 흥미진진하게 엮어 인공위성에 대한 재미있는 이야기로 만들었습니다.

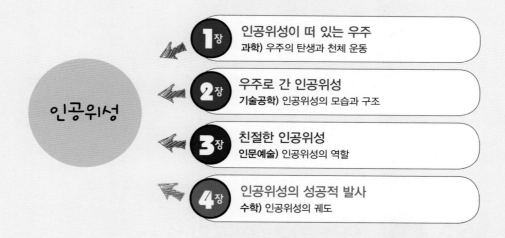

인공위성

1장	인공위성이 떠 있는 우주 과학) 우주의 탄생과 천체 운동	
2장	우주로 간 인공위성 기술공학) 인공위성의 모습과 구조	
3장	친절한 인공위성 인문예술) 인공위성의 역할	
4장	인공위성의 성공적 발사 수학) 인공위성의 궤도	

이 책이 우리 어린이들에게 융합적 지식을 전달하고 융합적 사고력을 높일 수 있는 기회가 되기를 바랍니다. 그리고 우주에 대한 꿈을 품고 우주를 향해 한 발짝 더 나아가길 바랍니다. 우주 어딘가에서 반짝거리고 있을 캔돌이를 생각하면서 말이에요.

지호진

차례

  1장

인공위성이 떠 있는 우주

  2장

우주로 간 인공위성

3장 친절한 **인공위성**

4장 **인공위성**의 성공적 **발사**

1장

인공위성이
떠 있는 우주

앗! 깡통이 말을 걸다니

"민호야. 과학실에 가서 양팔 저울 좀 가져다줄래?"

부슬부슬 비가 내리는 어느 날 오후, 민호는 선생님 심부름으로 과학실로 향했다.

민호는 드르륵 과학실 문을 열고 이곳저곳 둘러보며 양팔 저울을 찾는데, 갑자기 탁 하는 소리와 함께 실험실 안이 **어두컴컴해졌다.**

'앗! 정전인가? 아무것도 안 보여.'

민호가 혼잣말을 하며 당황했다. 그런데 정말 믿지 못할 일이 벌어졌다. 어둠 속에서 깡통 모양의 물체가 밝게 빛을 내더니 민호에게 말을 걸어온 것이다.

"반가워!"

민호는 깜짝 놀라 뒷걸음질 치다 과학실 바닥에 **쿵** 엉덩방아를 찧고 말았다.

"놀라지 마. 난 착하고 멋진 인공위성이야."

깡통처럼 생긴 물체가 다시 민호를 향해 말을 걸어왔다.

'로봇도 아니고 깡통이 말을 하다니 내가 꿈을 꾸는 걸까?'

민호는 자신 앞에 벌어진 상황이 믿기지 않아 자기 볼을 세차게 꼬집어 보았다. 눈물 나게 볼이 아픈 것을 보니 분명 꿈은 아니었다.

"내 이름은 캔돌이야."

"캔돌이?"

민호는 엉겁결에 깡통을 향해 말을 하고 말았다.

"그래. 내가 얼마 전에 하늘에서 떨어졌는데 누군가가 이곳으로 옮겨 놓았지."

"하늘에서 떨어졌다고?"

"응."

"인공위성이라고 하기에는 너무 작고 장난감처럼 생겼는데?"

민호가 캔돌이를 훑어보며 물었다.

"장난감이라니! 난 당당한 인공위성이라고! 내가 해 주는 이야기를 들으면 네 생각이 180도 달라질걸."

자연스럽게 민호와 캔돌이의 대화가 이어졌다.

"근데 네 이름은 뭐야?"

"난 미래초등학교 3학년 1반 김민호야."

"민호? 음, 그런데 여기는 어디지?"

"여기는 대한민국 서울 미래초등학교 과학실이야."

"서울의 초등학교 과학실! 그렇구나!"

캔돌이는 두리번거리며 고개를 끄덕였다.

"그런데 인공위성이 어떻게 사람처럼 말을 할 수 있지? 그것도 우리말을 말야."

"그야, 내가 **똑똑한** 인공위성이니까 그렇지. 아주 특별하게 제작됐고, 나를 만든 사람이 대한민국 사람이거든."

"대한민국 인공위성?"

"그래. 사람들은 나처럼 생긴 위성을 캔위성이라고 불러."

"캔위성?"

"크기도 모양도 음료수 캔과 비슷하게 생겨서 그래. 난 소형 과학 로켓이나 하늘을 나는 풍선처럼 생긴 기구를 이용해 하늘에 쏘아 올려진 작은 위성이야."

캔돌이는 하늘 높이 수백 미터에서 분리된 뒤에 낙하하면서 실제 위성처럼 임무를 수행하던 중 이곳에 오게 되었다고 한다.

14

"그렇구나! 캔위성 캔돌이!"

"그런데 난 평범한 캔위성이 아니야. 초소형 위성으로 첨단 장비에 인공지능까지 갖춘 특별한 위성이지. 그래서 우주에 대한 풍부한 지식을 갖고 있고, 사람과 대화도 할 수 있는 거야."

"초소형 위성? 인공지능? 그게 다 무슨 말이야?"

"초소형 위성은 크기나 무게가 무척 작은 인공위성을 말해. 무게에 따라 10~100kg은 마이크로 위성, 1~10kg은 나노 위성, 1kg 이하는 피코 위성으로 나누기도 하지. 인공지능은 인간처럼 생각하고 학습하고 판단하는 지능을 가진 컴퓨터 시스템을 말하고."

민호가 계속 캔돌이를 보며 **알쏭달쏭한** 표정을 짓자 캔돌이가 웃으며 말했다.

"내 말이 무슨 말인지 잘 모르겠으면 나를 그냥 아주 작고, 무척 똑똑한 인공위성이라고 생각하면 돼."

민호가 잠시 동안 아무런 말없이 생각에 잠겼다. 캔돌이가 머물던 우주의 모습을 상상 속에 그려 보았다.

우주가 꽝 하고 생겨났다고?

"아직도 나를 의심하는 것 같으니 인공위성들이 머물고 있는 우주 이야기부터 해 볼게. 난 의심받는 건 딱 질색이야."

"그래, 어디 한번 해 봐."

캔돌이의 우주에 대한 이야기는 이렇게 시작되었다.

"지금으로부터 137억 년 전쯤 엄청나게 뜨거운 한 점이 갑자기 꽝 하고 폭발을 일으켰어. 그 폭발로 어마어마한 크기의 공간이 만들어지며 그곳에 처음으로 빛이 생겨났지."

민호는 어느새 귀를 쫑긋 세우고 캔돌이가 들려주는 이야기에 귀를 기울였다.

"점점 그 공간이 커지며 빛이 약해지더니 온도가 낮아지며 물질이 만들어졌어. 다시 그 물질들이 합쳐져 수많은 은하가 만들어지고 그 은하들 속에서 수많은 별들이 태어났는데 그곳이 바로 우주야."

꽝

"정말?"

"여러 과학자들의 주장이야. 벨기에의 천문학자 조르주 르메트르, 소련 출신의 미국 물리학자 조지 가모, 미국의 천문학자 에드윈 허블 등."

"치, 난 또 네가 밝혀낸 사실인 줄 알았지."

무척 실망스럽다는 민호의 말을 들은 척 만 척, 캔돌이는 계속 말을 이어 나갔다.

"그런데 1950년 어느 날, 영국의 천문학자 프레드 호일이 방송에서 우주가 어느 날 갑자기 꽝(Bang) 하는 **큰 폭발**로 생겨났다는 이야기는 정말로 어이가 없다며 비웃었어."

"왜?"

"그야, 호일은 우주가 시작도 끝도 없이 늘 같은 상태를 유지하며 변하지 않는다고 생각했거든. 그래서 우주가 큰 폭발을 일으켜 점점 커졌다는 주장을 '큰 꽝(Big Bang)'이라며 비웃었지."

앗! 당신은 미국의 천문학자 프레드 호일이군요.

허허, 정말 어이없는 말이군. 우주가 갑자기 폭발해서 생겨났다니!

프레드 호일은 '우주의 모습은 항상 똑같다.'는 정상 우주론을 주장한 대표적인 학자이다.

캔돌이의 말을 듣고 민호는 우주의 탄생이 더 아리송해졌다. 큰 폭발로 생겨난 건지 아니면 시작도 끝도 없이 같은 상태를 유지해 온 건지 알 수가 없었다.

"누구 주장이 맞는데?"

"글쎄, 빅뱅 우주론 대 정상 우주론, 누가 이겼을 것 같니?"

"몰라. 빨리 알려 줘."

민호는 캔돌이를 **재촉했다.**

"세월이 흐르며 우주 공간이 점점 커지고 있다는 사실이 밝혀졌어. 따라서 우주가 어떤 한 점의 큰 폭발로 시작되었고, 그 공간이 점점 커져 지금의 우주에 이르렀다는 주장이 가장 일반적인 이론이 되었지. 이 이론을 빅뱅(Big Bang) 이론이라고 불러."

"빅뱅? 가수 그룹 중에도 빅뱅이 있는데."

캔돌이는 고개를 끄덕이며 웃었다.

허블의 법칙과 우주의 나이

미국의 천문학자였던 에드윈 허블은 흥미로운 현상을 발견했다.

우리 은하로부터 거리가 먼 은하일수록 더 빨리 멀어진다!

이를 허블의 법칙이라고 한다.

그렇게 이름을 지어 주니 열심히 연구한 보람이 있군.

은하가 멀어지는 이유는 우주가 팽창하고 있기 때문이야. 다시 말해 시간을 거꾸로 돌리면 우주가 점점 작아진다는 거지.

빅뱅

먼 옛날 우주가 시작한 시점이 있었단 말이지?

그렇지! 그리고 우주가 팽창하는 속도를 알면 우주의 나이도 알 수 있어.

과학자들은 우주의 나이를 알아내려고 우주가 팽창하는 속도를 연구했다.

내가 여기서부터 외부 은하까지의 거리를 알아냈어. 그리고 우주의 나이를 계산해 보니까 200억 년!

무슨 소리야. 우주의 나이는 100억 년이라고!

2000년대 초반에 허블 우주 망원경의 새로운 관측 결과, 현재 우주의 나이는 약 137억 년!

허블 우주 망원경

별 그리고 어둠

"민호야, 넌 우주를 생각하면 뭐가 떠오르니?"

캔돌이가 민호에게 질문을 던졌다.

"별!"

"그렇다면 우주는 무엇으로 이루어져 있을까?"

"별!"

캔돌이의 질문에 이번에도 민호는 같은 대답을 했다.

"우주에는 별도 있지만 어둠도 있지."

"그렇네. 별 주변은 온통 어둠이네."

"사람들이 지금까지 밝혀낸 바로는 우주를 이루는 73%가 암흑 에너지, 27%가 물질이래. 그런데 27% 물질 중 사람들이 그 정체를 알고 있는 물질은 고작 4%. 나머지 23%는 정체를 알 수 없대. 이렇게 우주에서 정체를 알 수 없는 물질을 암흑 물질이라고 불러."

"암흑 에너지? 암흑 물질? 그게 뭔데?"

"아직 그 정체를 몰라. 암흑 에너지는 우주를 팽창시키는 힘이고, 암흑

정체를 알고 있는 물질 4%

암흑 물질 23%

암흑 에너지 73%

이 큰 우주에서 우리가 정체를 모르는 것들이 96%나 된다고!

물질은 중력을 통해 그 존재만 알 뿐이지."

캔돌이와 민호는 별과 은하에 대한 이야기도 나누었다.

"별은 우주에서 **반짝반짝** 빛을 내는 천체를 말해. 천체는……."

"천체는 우주에 떠 있는 물체를 말하는 거 아냐?"

"어쭈, 제법인데! 천체는 우주에 있는 물체로 항성, 행성, 위성, 혜성, 성단, 성운 등을 통틀어 일컫는 말이야."

제법이라는 캔돌이의 말에 조금은 자존심이 상했는지 민호가 캔돌이의 말을 가로챘다.

"태양처럼 스스로 빛을 내는 항성만 별이라고 부르고, 항성의 빛을 반사시켜 빛을 내는 천체를 행성, 행성 주위를 도는 것을 위성, 가스 상태

우리 은하와 태양계
태양계가 속해 있는 은하를 우리 은하라고 하고, 태양계는 은하 중앙으로부터 약 3만 광년 떨어진 곳에 위치한다.

의 긴 꼬리를 **휘날리며** 도는 것을 혜성이라고 부르지."

"대단한데! 그러면 은하는 뭔지 아니?"

"우리 반에 은하 있는데, 내 짝꿍 이름이 은하야. 김은하!"

민호의 엉뚱한 대답에 캔돌이는 피식 웃었다.

"은하는 천체들과 가스, 먼지 등이 모여 있는 집단이야. 지구가 속해 있는 태양계가 바로 수많은 은하 중에 하나지. 은하 중에 태양계와 함께 성단과 성운 등을 포함하고 있는 거대한 천체를 우리 은하라고 불러. 성단은 별들의 집단이고 성운은 가스와 먼지로 이루어진 거고. 그리고 우리 은하 밖에는 다른 은하가 수천 억 개나 더 있는데 이를 외부 은하라고 부르지."

"듣고 보니, 캔돌이 너 진짜 우주에 대해 잘 아는구나."

"당연하지. 내가 우주에 대해 얼마나 오랫동안 연구했는데. 이제 나를 의심하지 않는 거지?"

민호는 캔돌이를 보며 고개를 끄덕였다.

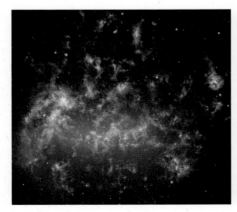

대마젤란 은하
납작한 모양이며 지구와 약 17만 광년의 거리에 있다.

안드로메다 은하
소용돌이 모양이고, 북쪽 하늘에서 맨눈으로 볼 수 있다. 지구와 약 200만 광년 떨어져 있다.

천문학적인 숫자야!

너와 나 사이의 거리는 1AU야.

천문학에서 다루는 단위는 천문단위(AU), 파섹(PS), 광년(ly) 등이 있다.

천문단위(AU)는 보통 지구와 태양 사이의 평균 거리를 말하며, 태양계에 속한 천체 사이의 거리를 나타내는 단위로 사용한다. 파섹(PS)은 연주 시차를 이용하여 천체 사이의 거리를 나타내는 단위이다.

광년(ly)은 빛이 1년 동안 진공 상태에서 나아가는 거리로, 1ly는 약 9조 5천억 km 이다. 멀리 떨어진 천체들 사이의 거리를 나타낼 때 쓰인다. 어떤 별이 지구에서 80 광년 정도 떨어져 있다면, 그 별에서 출발한 빛이 지구까지 오는 데 약 80년이 걸린 다는 말이다. 만약 우리가 어떤 별을 관찰했다면 이미 약 80년 전에 어떤 별에서 출발한 빛을 관찰한 셈이다.

이처럼 천문학에서 다루는 숫자는 우리들이 상상할 수 없을 만큼 크기가 크다. 그래서 어마어마한 크기의 숫자를 말할 때 '천문학적인 숫자'라고 표현하기도 한다.

80광년이 떨어진 지구로 출발!

지구에 도착하니 약 80년이 지났구만! 이제야 지구에서 내가 보이겠군.

지구가 사는 태양계

"이제 지구가 속한 태양계에 대한 이야기를 좀 해 볼까?"

"태양계? 수금지화목토천해!"

민호가 **으스대며** 말하자 캔돌이가 민호에게 물었다.

"그러면 태양이 언제 어떻게 생겨났는지도 알아?"

"글쎄."

민호가 선뜻 대답하지 못하자 이번에는 캔돌이가 으스대며 말했다.

"지금으로부터 약 50억 년 전, 우주 공간 어느 곳에 가스와 먼지가 모여들었어. 그리고는 **빽빽하게** 공간을 채우다가 스스로 빛을 내는 별이 되었지."

"그 별이 바로 태양?"

"그래. 그리고 태양 주변의 나머지 물질들도 서로 뭉쳐져 태양 주위를 도는 행성이 되었지. 수성, 금성, 지구, 화성, 목성, 토성, 천왕성, 해왕성."

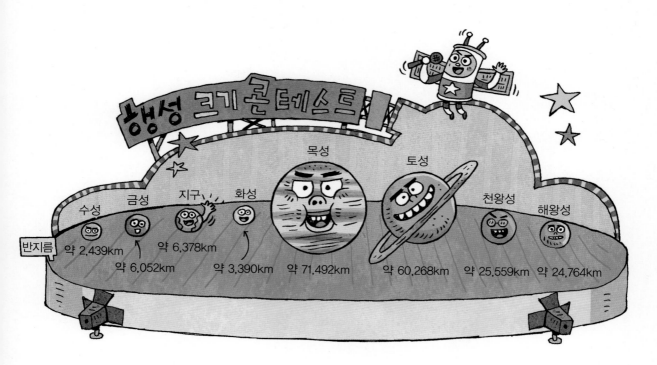

"그렇구나!"

"물론 태양계가 꼭 이렇게 생겨났다고 딱 잘라 말할 순 없어. 현재까지 가장 그럴듯한 과학자들의 추측일 뿐이거든."

"그럴 수도, 아닐 수도 있구나!"

"그래. 그리고 태양계 행성들의 크기는 서로 달라. 지구의 반지름 약 6,378km를 1로 보았을 때 각 행성의 반지름은 수성 0.4, 화성 0.5, 목성 11.2, 토성 9.4, 천왕성 4.0, 해왕성 3.9 정도야. 태양은 109!"

"어? 그런데 명왕성도 들어본 것 같은데."

"예전에는 명왕성도 태양계 행성이었어. 그런데 2006년 세계 여러 나라의 천문학자들이 모여서 **깜짝** 놀랄 만한 결정을 내렸지. 그건 명왕성을 태양계 행성에서 빼겠다는 것이었어."

"왜? 이유가 뭐야? 명왕성이 속상했겠다."

명왕성이 태양계 행성에서 빠진 건 명왕성은 다른 행성들과 달리 자신의 주위를 돌고 있는 위성의 힘에 **끌려 다녔기** 때문이라고 한다. 그래서 천문학자들은 명왕성을 행성보다 작은 천체인 왜행성으로 분류하고, 134340이라는 고유 번호를 주었다는 것이다. 그래서 태양계 행성은 수성, 금성, 지구, 화성, 목성, 토성, 천왕성, 해왕성으로 모두 8개가 되었다고 한다.

"태양계에는 각 행성의 주위를 돌고 있는 천체도 있어. 그런 천체를 위성이라고 부르지."

"나도 알아. 지구의 주위를 돌고 있는 **달**이 바로 지구의 위성이야."

"그래, 맞아. 목성 주변에는 이오, 유로파 등 60여 개의 위성이 있고, 토성 주변에는 타이탄 등 수십 개의 위성이 있지."

캔돌이는 우주에 대해서라면 정말 모르는 게 없어 보였다.

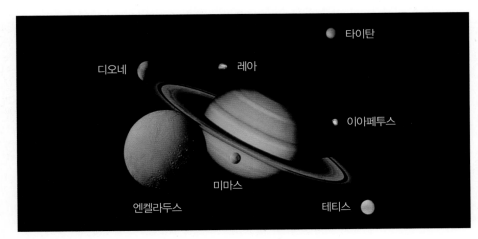

토성과 그 위성들
토성의 위성들 중 궤도가 확인된 위성은 61개이고, 이름이 붙어 있는 위성은 53개이다.
그 외에도 아직 파악되지 않은 위성들이 많이 있다.

지구는 특별해!

나는 지구! 태양계 여러 행성 중 하나지만 매우 특별하지. 내 이야기 한번 들어 볼래?

스스로 자기장을 내뿜어서 태양에서 나오는 해로운 태양풍을 막을 수 있어.

나는 태양과의 거리가 적당해.

앗~ 뜨거워!

그래서 생물들이 살기 좋은 온도야.

나는 물이 풍부해. 그렇다고 대륙이 잠길 정도는 아니지.

생명체가 산다고 밝혀진 유일한 행성이 바로 나야.

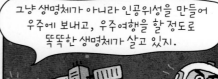

그냥 생명체가 아니라 인공위성을 만들어 우주에 보내고, 우주여행을 할 정도로 똑똑한 생명체가 살고 있지.

그것 봐. 태양계 행성들 중에서 이렇게 멋진 행성은 오직 나뿐이야.

우주 공간을 도는 천체들

"태양계 행성들이 태양 주위를 돌고, 위성들이 행성 주위를 돌고, 태양은 그냥 가만히 있는 거야?"

느닷없는 민호의 질문에도 캔돌이는 **척척** 대답을 했다.

"태양도 스스로 돌아. 태양계 행성은 스스로 돌면서 동시에 태양 주위를 돌아. 이렇게 천체가 고정된 축을 중심으로 스스로 도는 것을……."

"자전!"

"맞아. 천체가 스스로 한 바퀴 도는 데 걸리는 시간을 자전 주기라고 부르는데, 지구의 자전 주기는 1일. 시간으로는 약 24시간이야. 그렇다면 지구가 태양의 주위를 한 바퀴 도는 것은 뭐라고 할까?"

"공전!"

"와, 또 맞았어. 그럼 지구가 태양을 한 바퀴 도는 데 걸리는 시간은?"

"365일!"

"**대단해.** 그러면 다른 행성들은 어떨까? 지구처럼 365일에 태양을 한 바퀴 돌까?"

"그야 행성마다 다르겠지."

"오! 그래. 민호, 네 말대로야. 행성마다 크기와 질량이 다르고, 태양과의 거리도 다르기 때문이지."

"태양과 거리가 가까운 행성일수록 태양 주위를 빠르게, 태양과 멀리 있는 행성일수록 느리게 도는구나."

"그렇지. 그렇다면 태양과 태양계 행성들 사이의 거리는 얼마나 될까?"

"내가 과학자도 아닌데, 그걸 어떻게 알아!"

민호가 대답을 못하자 캔돌이가 친절하게 설명해 주었다.

"태양에서 지구까지의 거리는 약 1억 5천만 km야. 태양과 지구 사이의 거리를 1이라고 했을 때 수성은 0.4, 금성은 0.7로 지구보다 태양에 가깝고, 화성은 1.5, 목성은 5.2, 토성은 9.5, 천왕성은 19.2, 해왕성은 30.1로 지구보다 태양에서 멀리 떨어져 있어."

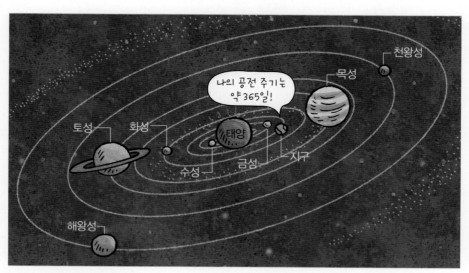

태양계 행성들의 공전 궤도
태양계 행성들은 태양을 중심으로 일정한 궤도를 그리며 공전한다. 각 공전 궤도는 태양과의 거리가 멀수록 커지며, 각 공전 주기도 태양과 멀수록 길어진다.

민호가 고개를 끄덕였다.

"지구가 태양을 도는 데 365일 걸린다고 했지. 천체가 공전하는 데 걸리는 시간을 공전 주기라고 해. 태양계 행성들의 공전 주기는 몇 년일까?"

"그야, 태양과 거리가 멀면 느리게 도니까 공전 주기도 더 느리겠지."

"오, 맞아. 태양계 행성들의 공전 주기는 수성 약 0.24년, 금성 약 0.62년, 지구 약 1년, 화성 약 1.88년, 목성 약 11.86년, 토성 약 29.46년, 천왕성 약 84.02년, 해왕성 약 164.77년이야."

"와, 해왕성은 태양을 도는 데 100년이 넘게 걸린다니……."

캔돌이의 이야기를 듣던 민호가 갑자기 **진지한** 표정으로 말했다.

"그런데 지구처럼 크고 무거운 행성들이 어떻게 태양의 주위를 돌 수 있지? 누군가 우주를 날아다니며 엄청난 힘으로 행성들을 밀거나 행성들에게 줄을 매달아 돌리는 것도 아닐 텐데."

"그건 항성의 만유인력과 행성의 원심력 때문이야."

"만유인력과 원심력? 어려운 말들이네."

민호는 인상을 **찌푸렸다.**

"그건 차차 알려 줄게. 너무 겁먹지 마."

지구와 닮은꼴 슈퍼 지구

우주에는 우리가 사는 지구와 비슷한 천체가 존재할까? 존재한다면 그곳에는 과연 우리와 같은 생명체가 살고 있을까?

2013년 1월에 발표된 신문 기사에 따르면 미국의 스미스소니언 천문학 센터의 한 연구 팀이 NASA(미국 항공 우주국)의 케플러 망원경을 이용해 우주를 관찰한 결과, 지구와 닮은 행성이 170억 개나 존재한다고 주장했다.

이렇게 태양계 밖에서 지구와 비슷한 환경을 가진 행성들을 지구형 행성이라고 하고, 이 중에서 생명체가 존재할 가능성이 있으며 지구보다 질량이 2~10배 큰 천체를 슈퍼 지구라고 부른다.

또한 최근에는 전문가들이 지구와 닮은 슈퍼 지구가 아닌 지구와 동일한 성격의 쌍둥이 지구를 발견할 수 있을 것으로 기대한다고 밝혔다. 이 같은 주장이 맞다면 외계 생명체가 존재할 가능성이 높아진 게 아닐까?

천체들이 공전하는 이유

캔돌이는 민호의 어깨를 **톡 치며** 이야기를 시작했다.

"물체가 갖고 있는 물질의 양을 질량이라고 해. 질량이 있는 물체는 서로 끌어당기는 힘이 있는데, 이를 만유인력이라고 하지. 만유인력 중에서 지구가 물체를 끌어당기는 힘을 중력이라고 하고."

민호가 무슨 말인지 잘 이해가 되지 않는 듯 머리를 **긁적였다.** 그러자 캔돌이는 중력에 대한 예를 한 가지 들었다.

"한 아이가 길을 가다가 돌멩이 하나를 집어 던졌어. 돌멩이는 좀 날아가다 땅에 톡 하고 떨어졌지. 아이 옆에 있던 어른도 돌멩이 하나를 집어 던졌어. 그 돌멩이도 좀 더 멀리 날아가다 땅에 툭 하고 떨어졌지."

"그게 지구의 중력이랑 무슨 관계가 있는데?"

"공중으로 던진 돌멩이가 계속 날아가지 않고 왜 땅에 떨어질까?"

"혹시, 중력?"

어른은 조금 더 멀리 날아가지만 땅에 떨어지는 건 마찬가지!

돌멩이를 던지면 바닥에 툭 떨어져요.

"그래. 지구가 물체를 끌어당기는 힘, 즉 중력 때문이야. 그런데 만약 지구에 중력이 없다면?"

"지구에 있는 물체들이 하늘을 **둥둥** 떠다니거나 아니면 **우르르** 우주로 날아가겠지."

"그래. 근데 지구는 땅 위의 물체만 끌어당기는 게 아니야. 지구 밖 우주에 있는 달도 마구 끌어당겨. 만약에 중력이 사라진다면 지구가 끌어당기는 힘이 사라지니 달은 지구와 점점 멀어지고 말 거야."

민호가 고개를 갸우뚱하며 말했다.

"그런데 어떻게 달은 지구와 더 멀어지지도 않고 가까워지지도 않고 일정한 거리를 유지하지?"

"달이 지구와 일정한 거리를 유지하는 것은 지구 주위를 도는 달의 원심력 때문이야. 어떤 물체가 다른 물체의 주위를 원 모양으로 돌 때는 원의 중심에서 바깥으로 향하는 힘이 생기는데, 이 힘이 바로 원심력이지."

캔돌이는 원심력에 대해 예를 들어 설명했다.

"한 아이가 깡통에 줄을 매달아 원을 그리며 빙빙 돌렸어. 그러다 깡통의 줄을 놓자 깡통은 멀리 휙 날아갔지."

"원심력 때문에?"

"그래. 아이가 깡통에 매단 줄을 잡고 있을 때는 줄이 깡통을 끌어당기고 있으니 바깥으로 튕겨 나가지 않지만, 줄을 놓으면 깡통을 끌어당기는 힘이 없어지고 바깥으로 나가려는 힘만 남아 멀리 날아가게 돼."

"그래서? 그게 뭐?"

원심력과 구심력
깡통을 빙빙 돌릴 때 원의 중심으로 끌어당기는 힘을 구심력이라 하고,
이 힘과 크기는 같고 방향은 반대인 가상의 힘을 원심력이라 한다.

"달이 지구 주위를 돌 때에도 지구가 달을 끌어당기는 힘인 중력과, 달이 지구 중심에서 멀어지려는 힘인 원심력이 **동시에** 존재해. 이 두 힘의 크기가 같기 때문에 달은 늘 지구와 일정한 거리를 유지하며 지구 주위를 도는 거야. 태양계 행성들이 일정한 거리를 유지하며 태양 주위를 공전하는 것도 이와 같은 원리이지."

"와! 우주는 정말 신기해!"

"그렇지. 자연은 신비한 거야. 자동차를 타고 굽은 도로를 돌 때도 원심력을 느낄 수 있어."

"아, 아빠 차를 타고 굽은 도로를 돌 때 몸이 바깥쪽으로 쏠린 적이 있어. 그게 원심력 때문이었구나."

캔돌이가 고개를 끄덕였다.

커브와 원심력
자동차가 커브를 돌 때 자동차 안에 있는 사람은
운동 상태를 유지하려는 관성 때문에 원심력을 느낀다.

"캔돌아! 넌 정말 똑똑하구나! 만유인력, 중력 같이 어려운 것도 잘 알고 말이야."

민호의 칭찬에 캔돌이가 수줍은 듯 작은 몸통이 **불그스름해졌다.**

"내가 알아낸 것도 아닌데 뭘……."

"그럼 누가 발견했는데?"

"영국의 과학자 아이작 뉴턴이 발견했어. 1665년에 뉴턴이 과학자들의 연구와 주장을 바탕으로 모든 물체 사이에는 서로 끌어당기는 힘이 작용한다는 것을 세상에 알렸지. 사람들은 그것을 만유인력 또는 만유인력의 법칙이라고 불렀고."

"와, 대단해. 뉴턴은 그걸 어떻게 알아냈을까?"

"그건 '돌멩이, 사과, 사람 등 지구에 있는 모든 물체는 공중에서 땅으로 떨어지는데 어떻게 달은 지구로 떨어지지 않고 지구 주위를 도는 걸까?' 하고 생각하다가 알아냈대. 그리고 만유인력 때문에 달이 지구 주위에서 일정한 거리를 유지하며 돈다는 것도 알아냈지."

"근데 돌멩이, 사과, 사람은 왜 지구에 **착 달라붙어** 있는 거야? 돌멩이, 사과, 사람도 지구를 끌어당기는 힘이 있는데 말야."

"돌멩이, 사과, 사람 모두 자기가 가진 질량만큼 자기 쪽으로 지구를 끌어당기지만, 엄청나게 무거운 지구가 끌어당기는 힘에 비하면 그 힘은 너무나 약해. 그래서 지구가 끌어당기는 힘에 의해 지구에 달라붙어 있는 거야."

"아, 그렇구나. 그럼, 달이 지구를 끌어당기는 힘은 무척 세겠네."

"그렇지. 이제야 좀 대화가 되네!"

뉴턴, 중력을 발견하다!

인류가 중력을 처음 발견한 건 언제였을까?

나한테!! 왜 물어?

혹시 내가 살던 고대 이집트 문명에서?

우리 중국 땅 어디에서 발견한 건 아닐까?

던진 돌이 땅에 떨어지는 건 돌이 자신의 고향으로 돌아가고 싶어서야. 그 이상은 나도 몰라.

아리스토텔레스

지구가 네모나지 않고 둥근 것 같기는 한데, 중력? 그게 뭐지?

피타고라스

모든 물질은 신이 부여한 법칙에 따라 끊임없이 운동해!

데카르트

어느 날, 뉴턴이라는 과학자가 자기 집 정원의 사과나무 아래 앉아 생각에 잠겼다.

사과를 땅으로 떨어지게 하는 힘은 무엇일까?

뉴턴

사과가 땅에 떨어지는 건 지구가 끌어당기는 힘 때문이야! 이 힘을 중력이라고 부르겠어.

우주로 날아가자

우주도 우주지만 민호는 우주로 날아가는 인공위성에 대해 갑자기 더욱 궁금해졌다.

"캔돌아! 지구의 중력이 그렇게 센 데 인공위성 같은 물체를 어떻게 지구 밖으로 쏘아 올리는 거야?"

"그건 우선 뉴턴의 이야기를 듣고 한번 생각해 봐."

민호는 인공위성과 같이 우주로 발사되는 물체들의 이야기가 궁금하다는데, 캔돌이는 뜬금없이 뉴턴의 이야기를 꺼냈다.

뉴턴의 제1법칙: 관성의 법칙

정지해 있거나 일정한 속도로 직선 운동을 하는 물체는 밖으로부터 힘이 작용하지 않는다면 계속 정지해 있거나 일정한 속도로 계속 직선 운동을 한다.

"뉴턴의 제1법칙은 다른 말로 관성의 법칙이라고 불러. 관성은 달리고 있는 물체는 계속 달리려고 하고, 멈춰 있는 물체는 계속 멈춰 있으려 하며 현재의 운동 상태를 지키려는 성질을 말해. 만일 외부로부터 아무런 힘이 작용하지 않는다면, 뉴턴의 제1법칙에 따라 우주를 향해 쏘아 올린 물체는 일직선으로 계속 날아가서 **아득히 먼** 우주로 날아가겠지?"

"한 마디로 지구 안녕이네!"

"하지만 실제로 지구의 중력 때문에 하늘 높이 쏘아 올린 물체는 일직선으로 계속 날아가지 못하고 지구에 다시 떨어지지."

"도대체 어떻게 해야 물체를 지구 밖 우주로 보낼 수 있는데?"

캔돌이는 민호와 같은 궁금증을 품고 과학자들이 물체를 지구 밖으로 보내려는 연구를 했다고 했다. 그러다가 물체를 지구 밖으로 보낼 방법을 알아냈다고 한다. 즉 어떻게 하면 물체가 지구 중력을 벗어날 수 있는지를 알아낸 것이다.

"그건, 물체를 지구의 중력보다 **센 힘으로** 지구 밖으로 쏘아 올리면 돼. 그러려면 물체를 초속 11.2km 속도로 쏘아 올려야 하지."

"초속 11.2km?"

"응. 초속은 1초 동안에 나아간 거리를 말해. 초속 11.2km를 시속으로 바꾸면 40,320km야. 서울에서 부산까지의 거리를 450km라고 할 때, 서울에서 부산까지 약 40초 만에 갈 수 있는 속도지."

"와! **엄청 빠른** 속도네! 초속 11.2km? 그걸 어떻게 알아냈는데?"

"과학자들이 만유인력, 지구의 질량, 물체와 지구 사이의 거리 등 이런 저런 것들을 열심히 연구한 덕분이야. 그리고 과학자와 기술자들이 온갖 기술을 동원하고 연구를 거듭하여 지구 밖으로 날아가는 물체를 만들었지. 그 물체가 바로 로켓, 즉 우주 발사체야."

"로켓은 어떻게 그렇게 빠른 속도를 내는 거야?"

민호가 이번에는 로켓의 움직임에 대해 궁금해하자, 캔돌이는 풍선에 대한 이야기를 꺼냈다.

"풍선을 빵빵하게 분 다음에 입구를 잡고 있다가 갑자기 놓으면 어떻게 되지?"

"바람이 빠지면서 **요리조리** 날아다니다가 바람이 다 빠지면 땅에 떨어지겠지."

"바로 그거야! 로켓이 우주로 날아가는 원리!"

"풍선과 로켓? 전혀 닮지도, 어울리지도 않는데?"

"풍선에서 바람이 빠지면서 풍선은 바람, 즉 공기가 빠지는 방향과 반대 방향으로 움직이는 것처럼, 로켓에 실은 연료가 타면서 엄청나게 빠른 속도로 가스를 뿜어내는데 그렇게 **뿜어내는** 가스가 로켓을 앞으로 나아가게 하는 거야."

그러면서 캔돌이는 뉴턴의 제3법칙에 대한 이야기도 했다.

풍선의 공기가 뒤로 빠져나가면서 풍선이 앞으로 나가지!

뉴턴의 제3법칙: 작용 반작용의 법칙

두 물체가 서로 힘을 작용하고 있을 때,
두 물체가 받는 힘은 그 크기가 같고 방향은 반대이다.

"뉴턴의 제3법칙인 작용 반작용 법칙에 따라 로켓에 연료가 많으면 가스를 많이 내뿜고, 가스를 많이 내뿜으면 로켓이 나아가는 **힘도 세져.**"

그래서 과학자들은 이런 생각을 했다고 한다.

'로켓 질량의 대부분은 연료가 차지해. 연료를 여러 개의 통으로 나누어 한 통씩 사용하고, 다 사용한 연료 통을 버리면, 로켓 전체의 질량이 가벼워지며 물체에 작용하는 중력의 크기가 줄어들겠지. 중력의 크기가 줄어든다면 로켓은 같은 힘으로 더 *멀리* 더 *빠르게* 나아갈 거고.'

과학자들의 생각은 기술로 이어졌고, 1단이 아닌 여러 개의 단으로 되어, 날아가면서 분리될 수 있는 다단계 로켓이 만들어졌다고 한다. 이런 결과의 바탕에는 뉴턴의 제2법칙이 있었다는 것이다.

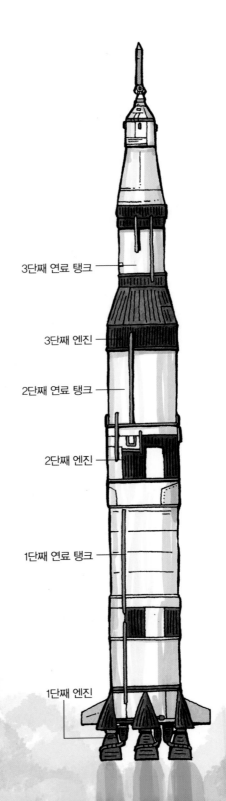

3단째 연료 탱크

3단째 엔진

2단째 연료 탱크

2단째 엔진

1단째 연료 탱크

1단째 엔진

뉴턴의 제2법칙: 가속도의 법칙

힘이 클수록 가속도는 커지고
질량이 클수록 가속도는 작아진다.

"시간에 따라 속도가 얼마나 변하는지 나타낸 것을 가속도라고 해."

"그냥 속도가 아니라 가속도?"

"그래. 가속도는 물체에 작용하는 힘이 클수록, 물체의 질량이 작을수록 커져. 이를 가속도의 법칙 또는 뉴턴의 제2법칙이라고 해. 로켓의 연료 통을 떼어 내면 로켓의 질량이 줄어들어 로켓의 가속도가 커진다는 말씀! 즉 로켓이 더 빨라진다는 거지!"

"**아하,** 그런 거구나! 근데 뉴턴은 무슨 법칙을 이렇게나 많이 알아냈을까? 들기만 해도 어려워 보이는 법칙들을 말야."

"그래서 사람들은 뉴턴을 근대 과학의 아버지라고 불러."

민호는 뉴턴이 발견한 사실들이 새삼 **놀라웠다.**

 Q | 우주는 어떻게 생겨났을까?

A | 우주가 어떤 한 점의 큰 폭발로 생겨났고, 공간이 점점 커지면서 지금의 우주에 이르렀다는 빅뱅 이론이 우주 탄생을 설명하는 가장 일반적인 이론이다. 허블의 법칙으로 우주 공간이 지금도 점점 커지고 있다는 사실이 밝혀지면서 빅뱅 이론은 가장 설득력 있는 이론이 되었다.

과학에서 이론이란 어떤 생각이나 지식을 짜임새 있게 만들어 놓은 것을 말하기도 하지만, 사실인지 아닌지 정확하게 알 수 없는 것을 그럴듯하게 설명하는 것이기도 하다.

꽝

5학년 2학기 과학 4. 태양계와 별

 Q | 태양과 태양계 행성의 크기는 어떨까?

 A | 우선 태양계 행성의 크기는 서로 다르다. 태양을 가장 큰 것부터 나열하면 목성, 토성, 천왕성, 해왕성, 지구, 금성, 화성, 수성 순서가 된다. 그리고 태양의 크기는 행성보다 훨씬 더 크며, 태양의 반지름이 약 70만 km로 지구 반지름의 109배 정도의 크기이다.

반지름 | 수성 약 2,439km | 금성 약 6,052km | 지구 약 6,378km | 화성 약 3,390km | 목성 약 71,492km | 토성 약 60,268km | 천왕성 약 25,559km | 해왕성 약 24,764km

Q | 태양계 행성은 어떻게 움직일까?

A | 태양계 행성은 스스로 자전하면서, 태양을 중심으로 일정한 궤도를 그리며 공전한다. 태양 주위를 한 바퀴 공전하는 데 걸리는 시간은 행성마다 다르고, 행성이 태양에서 멀어질수록 한 바퀴 공전하는 데 오랜 시간이 걸린다.

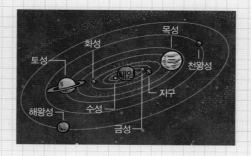

Q | 달은 어떻게 지구와 일정한 거리를 유지할 수 있을까?

A | 달이 지구와 일정한 거리를 유지할 수 있는 이유는 원심력 때문이다. 원심력은 원운동을 하는 물체에 원의 중심에서 멀어지려는 방향으로 작용하는 힘이다. 어떤 물체가 원운동을 하면 원심력 때문에 물체는 원의 바깥으로 나가려고 한다.

달이 지구 주위를 돌 때에는 지구가 달을 끌어당기는 힘인 중력과 달이 지구 중심에서 멀어지려는 힘인 원심력이 동시에 존재하는데, 이 두 힘의 크기가 같아서 달은 늘 지구와 일정한 거리를 유지하며 지구 주위를 돌 수 있다.

Q | 다단계 로켓은 무엇일까?

A | 다단계 로켓은 1단이 아닌 여러 개의 단으로 되어, 날아가면서 분리될 수 있는 로켓이다. 이 로켓은 연료를 여러 개의 통에 나누어 담고 한 통씩 사용한 뒤, 사용한 연료 통을 버리도록 만들어졌다. 다단계 로켓은 지구를 벗어나 우주로 날아갈 때 질량을 줄이고 추진력을 높이기 좋은 구조이다.

2장

우주로 간
인공위성

인공위성을 싣고 날아가는 로켓

캔돌이가 우주 이야기를 해 주고 나니 민호의 눈빛이 처음과는 많이 달라져 있었다. 캔돌이를 낯설고 조심스럽게 보던 눈빛이 이제 친근하고 다정한 눈빛으로 변한 것이다.

"왜 그렇게 나를 빤히 쳐다보니?"

"너처럼 작고 귀여운 깡통이 인공위성이라니까 신기해서 그래."

민호의 말에 캔돌이는 우쭐하며 민호에게 말했다.

"어험. 이제 내가 특별한 존재라는 걸 인정하는 거야?"

"네 말을 들으면 네가 인공위성이라는 게 믿음이 가지만, 그래도 딱 음료수 캔 같아서 말이지. 아직 잘 모르겠어."

민호가 고개를 갸우뚱하자, 캔돌이는 억울하다는 듯 말했다.

"겉모습만 보고 그 사람을 판단하는 건 잘못된 거야."

"넌 사람이 아니잖아?"

"겉모습만 보고 인공위성을 판단하는 것도 잘못된 거라고!"

캔돌이가 토라졌다는 듯 민호에게서 몸통을 휙 돌렸다.

"미안! 미안!"

민호가 미안하다며 캔돌이에게 다가갔다. 그때 민호는 캔돌이가 그냥 깡통과는 좀 다르게 생겼다는 것을 알아챘다.

머리에는 뾰족한 두 개의 안테나, 등 양쪽으로 넓적한 판, 그냥 깡통에게서는 볼 수 없는 여러 장치가 캔돌이 몸통 이곳저곳에 붙어 있었다.

"오! 가까이서 보니 그냥 깡통은 아닌 거 같구나! 제법 인공위성처럼 생겼어."

"물론이지. 드디어 나를 인공위성으로 인정했으니 지금부터는 내 친구들 이야기를 해 줄게."

"친구들?"

"그래. 지금도 우주에서 돌고 있는 인공위성들 말이야."

"지금도 저 **멀고 먼** 우주에는 수많은 인공위성들이 있겠지?"

"당연하지. 그 인공위성들은 어떤 모습인지 또 어떻게 생겨났는지 궁금하지 않니?"

"궁금해. 인공위성에 대해 알고 싶다고."

민호는 두 눈을 반짝거리며 다시 캔돌이가 들려주는 이야기에 귀를 기울였다.

"인공위성에 대해 알아보기 전에 로켓에 대한 이야기를 먼저 해야 될 것 같구나. 로켓이 생겨난 다음에 인공위성이 만들어졌거든."

"지구 밖으로 날아가야 하니까 그렇겠지."

"로켓은 화약의 발명에서부터 시작되었어. 화약의 발명은 9세기 무렵 중국에서 이루어졌고. 그 후 화약을 무기로 사용하며 로켓이 탄생했지."

"우리나라와 이웃인 중국에서 화약을 발명했구나!"

"맞아. 1232년 중국 금나라에서는 전투를 잘하는 몽골 군과 맞서기 위해 특별한 화약 무기를 만들었어. 이름은 비화창! '날아가는 불 창'이란 뜻이지. 비화창은 창의 앞부분에 화약통을 매달아 발사하면 통 속의 화약이 타면서 가스를 뒤로 내뿜으며 앞으로 날아가는 무기야."

"비화창이 인류 최초의 로켓이야?"

"중국 사람들은 그렇게 생각해."

캔돌이는 로켓과 원리가 같은 비화창이 몽골 군을 통해 아라비아와 유럽으로 전해졌다고 했다.

"그 뒤 1379년 이탈리아의 카이오자 성에서 베네치아와 제노바가 전투

를 벌일 때, 제노바 군대가 로케타라는 화약 무기를 사용했지."

"로케타에서 로켓이란 말이 생겨났구나!"

"그래. 1750년에는 인도에서 하이더 알리라는 왕이 로켓을 이용한 폭탄을 개발해 영국 군이 침략했을 때 사용했지. 이때 사용한 로켓을 알리 로켓이라 불러."

"알리 왕이 만들어 알리 로켓이라고 했구나."

"맞아. 로켓에는 만든 사람의 이름을 붙인 경우가 많아. 그때 전투에 나섰던 영국 군 대령 윌리엄 콩그리브가 알리 로켓을 보고 성능이 더 좋은 로켓을 만들었어. 그 로켓은 영국 군 대령의 이름을 따서 콩그리브 로켓이라고 불렀지."

"알리 로켓, 콩그리브 로켓! 어휴, 로켓 종류도 다양하네."

민호가 머리를 긁적이자 캔돌이가 **빙긋** 웃었다.

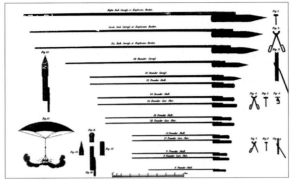

콩그리브 로켓
로켓이 안정된 상태로 먼 거리를 날아갈 수 있도록
안정 막대를 붙였다.

헤일 로켓
안정 막대 대신 나선식 날개를 붙여,
정확성을 높였다.

"그런가 하면 미국의 윌리엄 헤일이란 사람은 콩그리브 로켓의 분사구
근처에 세 개의 나선식 날개를 달아 목표 지점에 더 정확히 날아가는 로
켓을 개발했어. 이 로켓을 헤일 로켓이라 부르지."

"우리나라에서 개발한 로켓은 없어?"

"있지. 고려 시대의 주화와 조선 시대의 신기전이야."

캔돌이는 **자랑스럽게** 말했다.

"로켓은 차근차근 발전했구나. 그런데 무기로 사용한 로켓 말고 인공위
성을 싣고 우주로 날아가는 로켓은 언제쯤 등장해?"

"1900년대에 들어서면서 우주로 날아갈 수 있는 로켓에 대한 연구와 실
험이 본격적으로 시작돼. 두 인물의 등장과 함께 말이야."

"두 인물? 그게 누군데?"

민호가 눈을 **동그랗게** 뜨자 캔돌이는 일부러 뜸을 들였다.

"글쎄, 누굴까?"

"아, 궁금하다고. 빨리 말해 줘!"

우리 조상들의 주화와 신기전

우리 조상들도 로켓에 대해 생각했을까?

생각한 것뿐이겠어? 이미 고려 시대에 로켓을 만들기까지 했지.

고려의 무장, 나최무선이 '달리는 불'이라는 뜻의 '주화'를 발명했지.

와, 그게 바로 우리나라 최초의 로켓이구나!

그래. 지금의 로켓과 같은 원리야. 주화는 조선시대에 '신기전'이라는 무기로 개량되었어.

신기전? 신기한 무기라는 말인가?

쯧쯧, 신기전은 너무 빨라서 '귀신 같은 기계 화살'이라는 뜻이야. 화살대 위의 약통 심지에 불을 붙이면,

약통 속에 있는 화약이 타는 힘으로 발사되는구나!

씽!

맞았어! 그래서 목표 지점에 도달하면 발화 통에 불이 붙어 화약이 꽝!

엄마야!

꽝!

그러고 보니 얼마 전 뉴스에서 본 탄도 미사일과 비슷하네. 정말 대단하다! 우리 조상들도, 주화와 신기전도!

우주 비행과 로켓 연구

"지구 밖 우주로 날아갈 수 있는 로켓 탄생에 결정적인 역할을 한 두 인물은 치올콥스키와 고더드야. 1879년 러시아의 어느 중학교에서 수학을 가르치던 젊은 선생님이 있었어. 그의 이름은 치올콥스키."

"무슨 스키?"

"치올콥스키. 그 선생님은 '우주여행을 하려면 지구를 벗어나야 하는데 어떻게 지구를 **탈출할 수** 있을까?'를 생각하며 로켓에 대한 실험과 연구를 반복했대."

"그러다 중요한 발견을 했구나?"

"그래. 로켓의 속도는 가스의 분출 속도와 관련된다는 걸 알아냈어."

치올콥스키

로켓을 다단계로 만들어서 하나씩 떼어 내면 속도가 더 빨라지지.

"가스 분출 속도라면 로켓이 가스를 내뿜는 속도! 그래서?"

"가스의 분출 속도를 높이기 위해서는 액체 추진제가 유리하다고 밝혔고, 다단계 로켓을 처음으로 생각했어. 그리고 다단계 로켓이 기차처럼 연결되어 있어서 **우주 열차**라는 이름을 붙였지."

캔돌이는 다단계 로켓에 대해 다시 한번 설명해 주었다. 다단계 로켓은 연료를 여러 통에 나누어 담고 다 쓴 연료 통을 차례로 떼어 내어 로켓의 무게를 점점 가볍게 만들고 가속도를 점점 커지게 하여 로켓을 우주에 보내기 쉽게 만들었다는 것이었다.

"우주 열차! 기차처럼 로켓이 칸칸으로 이어져 있다는 말이구나."

"그렇지. 그는 또 로켓에 어울리는 연료가 액체 수소와 액체 산소라고 했고, 우주 엘리베이터와 우주 정거장에 대한 아이디어도 발표했어."

"로켓은 발명 과정에서도 엄청 복잡하고 어려운 것들이 필요했나 봐."

민호는 혀를 **내둘렀다.**

"치올콥스키의 로켓에 대한 이론은 훗날 로켓 개발에 큰 영향을 주었어. 그래서 사람들은 그를 우주 비행의 아버지라고 불렀대."

"로켓의 탄생에 영향을 준 또 한 사람은 누구야?"

"〈우주 전쟁〉이라는 공상 과학 소설을 읽고 우주와 로켓에 관심을 갖게 된 미국의 한 소년. 그의 이름은 로버트 고더드!"

"고더드?"

"고더드는 자라서 우주 비행을 연구하는 학자가 되었고, 로켓을 이용해 물체를 지구의 대류권 너머로 보낼 수 있고, 달에도 도달할 수 있다고 주장했어."

"와! 사람들이 <깜짝> 놀랐겠는데?"

"아니, 고등학생 정도의 과학 지식도 없는 과학자라고 놀렸대."

캔돌이는 고더드가 액체 연료를 사용하는 로켓을 만들면 작용 반작용 원리를 이용해 로켓을 우주로 보낼 수 있다고 주장했다고 알려 줬다. 그러나 당시 학자들은 우주는 진공 상태여서 로켓을 추진시킬 물질이 존재하지 않기 때문에 작용 반작용의 법칙이 작용하지 않는다고 주장했다는 것이다. 따라서 액체 로켓이 작동하지 않을 거라며 그의 주장을 비판했다고 한다.

"하지만 고더드는 진공 상태에서도 작용 반작용의 법칙으로 추진력이 발생한다고 생각했어. 결국 나중에 그의 생각이 옳았다는 것이 밝혀졌지."

"와! 정말 대단하다!"

"그래서 사람들은 고더드를 로켓의 아버지라고 불러."

최초의 액체 추진 로켓은 생각보다 작아.

1926년 고더드는 세계 최초로 액체 추진 로켓 발사 실험을 했다. 그가 만든 길이 3m의 로켓은 2.5초 만에 12m의 높이까지 올라갔고, 56m의 거리를 날았다.

지구와 우주 사이

지구를 둘러싸고 있는 공기를 대기, 대기로 싸여 있는 공간을 대기권이라고 부른다. 이 대기권은 대류권, 성층권, 중간권, 열권으로 나뉜다.

그중 대류권은 지표에서 가장 가까운 층으로 높이 올라갈수록 온도가 낮아진다. 또한 공기의 대류가 활발해서 눈, 비, 구름, 태풍 등 날씨 현상이 나타난다.

성층권은 높이 올라갈수록 온도가 높아지는데, 이것은 오존층이 있어 태양의 자외선을 흡수하기 때문이다.

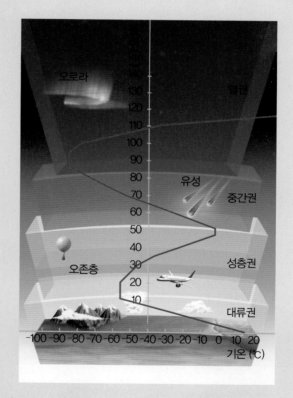

중간권은 위로 갈수록 온도가 낮아지며, 열권은 위로 갈수록 온도가 높게 올라간다. 로켓은 지구에서 발사되어 대류권, 성층권, 중간권, 열권을 지나 우주로 쏘아 올려진다.

우주 발사체와 닮은 미사일의 등장

캔돌이가 뜬금없이 민호에게 미사일에 대해 아느냐고 물었다.

"미사일? 목표물에 **쌩하고** 날아가 폭발을 일으키는 무시무시한 무기지. 그런데 갑자기 미사일 이야기는 왜?"

"치올콥스키의 이론과 고더드의 실험을 거치며 인류가 만든 로켓이 점점 우주를 향해 가고 있을 때 로켓을 이용해 무기를 만들려는 사람들이 있었거든."

"그게 누군데?"

"제1차 세계 대전에서 패한 독일 사람들이야. 그들은 성능이 좋은 로켓에 폭탄을 실어 발사한 다음에 방향을 조절하면 **무시무시한** 무기가 될 거라고 생각했지."

캔돌이는 이런 생각을 품고 독일의 군인이자 로켓 기술자인 도른베르거가 베른헤르 폰 브라운과 로켓을 개발해 A-4, 훗날에 V-2라고 불리

도른베르거

으하하! 우리 독일 군에게는 로켓을 이용한 새로운 무기, 미사일이 있지.

V-2 로켓
에탄올과 물을 섞은 연료와 액체 산소로 추진되는 1단계 로켓이다.

는 로켓을 완성했다고 한다.

"그래서 독일에서 에탄올과 물을 섞은 연료와 액체 산소로 추진되는 1
단계 로켓인 V-2라는 액체 로켓을 만들어 냈어. 당시로는 우주로 가장
다가선 로켓이었지."

캔돌이는 V-2 로켓에는 **안타깝게도** 인공위성 대신 폭탄이 실려
있었다고 했다. 이것이 제2차 세계대전 중에는 영국을 비롯해 유럽 여러
도시들에 발사되어 수많은 사람들에게 큰 피해를 입힌 탄도 미사일이 되
고 만 것이었다.

"그런데 제2차 세계대전에서 독일이 망하자 V-2 로켓 개발에서 중요한
역할을 했던 폰 브라운이 다른 독일 기술자들을 데리고 **비밀리에** 미
국으로 건너가 장거리 로켓을 연구했어."

"그럼 이제 미국의 로켓 기술이 세계 최고가 된 거야?"

"글쎄? 그 무렵에 미국과 맞서던 군사 강대국 소련(현재 러시아가 국제적 지위를 계승한 나라)도 V-2 로켓에 관심을 가졌어. 그래서 세르게이 코롤료프라는 인물을 우두머리로 독일에 남아 있던 또 다른 로켓 기술자들과 자료를 모아 로켓을 개발했지."

"미국과 소련이 서로 먼저 로켓을 개발하려고 했겠네."

민호의 말처럼 폰 브라운을 앞세운 미국과 코롤료프를 앞세운 소련은 성능이 우수한 로켓, 즉 미사일을 개발하려고 경쟁을 벌였다고 한다.

"그렇지. 결국 두 나라는 V-2 로켓 기술을 바탕으로 1만 km가 떨어진 대륙과 대륙 사이를 날아갈 수 있는 미사일을 개발하는데 성공했어. 바로 대륙간 탄도 미사일이야."

"그렇다면 인공위성을 먼저 쏘아 올린 나라는 어디야? 미국? 소련?"

민호는 과연 어느 나라가 세계에서 가장 먼저 인공위성을 쏘아 올렸을지 무척 궁금했다.

우주 발사체와 미사일은 달라

우주 발사체와 미사일의 정확한 차이가 뭐지? 그게 그거 아니야?

로켓, 즉 우주 발사체와 미사일은 설계와 기능은 같아. 그런데 두 가지 차이가 있지.

그게 뭔데?

우주 발사체는 인공위성 같은 우주 개발임무를 수행할 물체를 싣고 있어.

인공위성

그러나 미사일은 폭약이나 핵무기, 화생방 무기 등 적을 공격할 무기를 싣고 있지.

폭탄

또 궤도의 차이도 있어. 우주 발사체는 우주로 나가야 하기 때문에 그에 맞는 궤도를 그리며 날아가지만, 미사일은 포물선 모양을 그리며 다시 땅으로 떨어지지.

우주 발사체

미사일

야! 알겠다.

우주 발사체와 미사일은 서로 다르구나.

인공위성의 시대가 열리다

"1955년 7월 29일, 미국의 대통령이 미국은 곧 인공위성을 발사할 것이라고 발표했어."

캔돌이가 드디어 인공위성에 대한 이야기를 꺼냈다.

"드디어 인공위성이 등장하는구나! 미국이 먼저네?"

민호는 **흥미진진한** 표정을 지으며 캔돌이 말에 맞장구쳤다.

"미국이 인공위성을 발표한다는 소식을 듣자 소련은 미국보다 먼저 인공위성을 쏘아 올려 미국의 콧대를 납작하게 해 주려 했지."

"그럼, 소련이 먼저 인공위성을 쏘아 올렸나?"

"소련은 자기들이 개발한 대륙 간 탄도 미사일을 로켓으로 이용해 우주에 보낼 인공위성을 제작해 발사했어. 이때가 1957년 10월 4일 17시 28분 34초! 인공위성을 실은 로켓의 이름은 R-7."

"소련이 보낸 인공위성은 어떻게 됐는데?"

"R-7 로켓은 빠른 속도로 우주로 날아갔고, 5분 뒤 로켓에 실려 있던 인공위성에서 간단한 신호를 보내왔어. 이 인공위성의 이름이 스푸트니크 1호야."

"스푸트니크?"

"그래. 스푸트니크! 여행의 동반자 라는 뜻이래."

캔돌이는 스푸트니크 1호가 시속 29,000km의 속도로 비행했고, 우주 궤도를 한 바퀴 도는 데 96.2분이 걸렸다고 했다. 이후 3개월 동안 약 6천만 km를 비행한 뒤, 1958년 1월 4일에 대기권에 진입해 불타 사라졌다고 했다.

"한 달 뒤인 1957년 11월 3일에 소련에서는 다시 스푸트니크 2호를 발사했어. 그런데 스푸트니크 2호 안에는 승객이 있었지. 그 승객은 사람이 아니라 라이카란 이름의 개였어. 비록 몇 시간밖에 살지 못했지만."

"승객이 아니라 실험동물 아니야? 우주 실험동물! 아, 불쌍해."

"그래. 우주 개척을 위해 사람을 대신해서 동물이 희생했지. 안타까운 일이지만 라이카와 같은 실험동물 덕분에 지금처럼 로켓 기술이 발달하게 된 거야."

민호는 숙연하게 고개를 끄덕였다.

"1957년 10월 4일 소련이 스푸트니크 1호 발사에 성공하자 미국은 큰 충격을 받았어. 소련이 장거리 로켓 기술을 먼저 보유하면서 핵폭발 장치를 장착한 미사일로 미국을 공격할 수 있다는 사실이 **공포와 위기감**을 주었지. 이것을 스푸트니크 충격이라고 불러."

"아, 그랬구나. 그럼 미국의 인공위성 발사는 어떻게 됐어?"

"소련에서 인공위성 발사에 성공한 지 109일 만인 1958년 1월 31일에 미국의 폰 브라운 박사 팀이 미국 최초의 인공위성을 주노 1호라는 로켓에 실어 발사했어. 인공위성의 이름은 익스플로러 1호!"

"소련보다는 좀 **늦었지만** 미국도 인공위성 발사에 성공했네."

"맞아."

캔돌이는 그 뒤 미국이 1958년 3월 17일에 뱅가드 1호라는 인공위성 발사에 성공했고, 1962년 7월에는 텔스타 1호라는 실용 위성을 발사했다고 했다. 이 인공위성은 대륙과 대륙 사이 전화와 팩스, 텔레비전 실시간 중계를 가능하게 해 주었다고 했다.

"텔스타 1호는 우리 생활에 도움을 준 거네."

"그렇지. 다른 나라에서 열리는 운동 경기도 볼 수 있게 되었으니."

미국은 1958년에 NASA라는 기관을 세워 **우주 탐사**를 진행했고, 1969년에는 아폴로 11호를 통해 인류 최초로 달에 사람을 보내기도 했단다. 또한 미국은 비상시 사용할 수 있는 케이블이나 무선 데이터 통신망을 활용한 통신 수단을 개발했단다. 이것이 최초의 인터넷인 알파넷이며 군 기관과 국가 주요 기관을 연결하는 통신 수단이 되었다고 했다. 이것

이 발전하여 오늘날 우리가 사용하는 **인터넷**이 된 것이다.

"다른 나라는?"

"프랑스는 소련이나 미국보다 인공위성 개발을 늦게 시작했는데, 1965년에 자체 개발한 디아망 3단 로켓으로 A-1이라는 인공위성을 발사해 무사히 우주 궤도에 올려놓았고, 1970년에는 일본과 중국이 인공위성을 발사했어. 그 뒤로 영국, 인도, 이스라엘 등이 인공위성을 개발했고."

캔돌이는 우리나라 이야기도 해 주었다. 우리나라는 1992년에 처음으로 우리별 1호라는 인공위성을 우주에 발사했다고 했다.

"와, 우리나라도 1992년에 드디어 인공위성을 **쏘아 올렸구나.**"

"그래, 맞아. 우리나라의 인공위성에 대해서는 차차 더 알려 줄게."

인공위성은 어떤 모습일까?

인공위성이 언제 처음 발사되었는지, 또 어떻게 발사되었는지를 알게 된 민호는 이제 우주를 돌고 있는 인공위성들의 모습이 궁금해졌다.

"캔돌아! 그러면 스푸트니크호나 익스플로러 같은 인공위성은 어떻게 생겼어? 너랑 닮았어?"

캔돌이는 고개를 절레절레 흔들었다.

"인류가 최초로 만든 별인 첫 인공위성의 모습은 천체의 모습과 닮은꼴이었으면 좋겠음."

"갑자기 그게 무슨 말이야?"

"스푸트니크 1호를 만든 코롤료프가 인공위성 개발 팀에게 한 말이야. 그래서 인공위성이 천체와 닮은 모습으로 만들어졌지."

"태양이나 지구, 달처럼 천체와 닮은 모습? 그러면 동그란 공?"

"그래. 최초의 인공위성인 스푸트니크 1호는 공 모양에 4개의 가늘

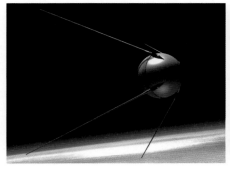

스푸트니크 1호
지름 약 58cm | 무게 약 83.6kg

스푸트니크 2호
높이 약 4m | 지름 약 2m | 무게 약 508kg

고 긴 안테나가 붙어 있는 모양이었어. 안테나는 송신을 위한 장치였지."

"스푸트니크 2호도 공 모양이야?"

"아니, 스푸트니크 2호는 **원뿔 모양**이었어. 크기도 크고 무게도 훨씬 무거웠지. 왜냐면 라이카라는 개를 실어야 했으니까."

민호는 문득 미국의 인공위성도 궁금해졌다.

"그러면 미국이 만든 인공위성은 어떻게 생겼는데?"

"익스플로러 1호는 연필 모양이었고, 뱅가드 인공위성은 공 모양이었어. 그 뒤로 인류는 다양한 크기와 모양의 인공위성을 우주에 쏘아 올렸는데 모양은 주로 원통이나 공처럼 둥근 형태가 많았지."

"인공위성은 주로 원통이나 공 모양이구나!"

"그건 인공위성을 로켓 위쪽에 싣는데, 로켓 위쪽이 **둥글기** 때문이 야. 그런데 요즘에는 사각기둥, 육각기둥 모양의 인공위성들도 제작되고 있어. 예전보다 기술이 더 발달했으니까."

"인공위성을 만드는 기술도 계속 발달하고 있구나."

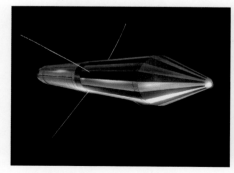

익스플로러 1호
길이 약 203cm | 지름 약 16cm | 무게 약 14kg

뱅가드
지름 약 15cm | 무게 약 1.5kg

캔돌이는 인공위성의 생김새가 인공위성이 맡은 임무에 따라 **조금씩** 달라진다고 했다. 예를 들어 우주에서 사진 촬영을 하는 임무를 맡은 관측 위성이나 기상 위성, 천문 위성은 큰 카메라가 달려 있고, 방송을 중계해 주는 인공위성은 전파를 수신하고 송신하는 큰 안테나가 달려 있다는 것이었다.

"우리나라에서 개발한 인공위성은 어떻게 생겼어?"

"천리안 인공위성은 태양열을 받아 에너지를 만들기 위해서 커다란 태양 전지 판이 있고, 맡은 임무를 수행할 수 있도록 기상 탑재체, 해양 탑재체, 통신 탑재체가 달려 있어."

천리안 인공위성의 구조
2010년 발사된 천리안 인공위성은 통신 위성, 해양 관측 위성, 기상 위성의 역할을 모두 하지만 그중에서 기상 위성으로 가장 널리 알려져 있다.

"천리안 인공위성은 언제 발사되었는데?"

"천리안 인공위성은 2010년 6월에 발사되어 기상과 바다를 관측하고 위성 통신에 도움을 주고 있어."

민호는 캔돌이를 향해 고개를 끄덕이며 말했다.

"아하! 인공위성의 모양과 임무는 다양하구나. 너처럼 원통 모양인 깡통 캔돌이도 있고."

민호가 😄😄 웃으며 말했다.

"무슨 소리. 깡통과 비슷한 원통 모양이지."

캔돌이는 민호에게 또다시 원통 모양의 깡통이라는 말을 듣고 화가 났다. 캔돌이의 몸이 번쩍거리더니 몸에서 센 불빛이 발사되었다.

"캔돌아 미, 미……. 어……."

민호가 캔돌이에게 사과하려는 순간, 캔돌이 몸에서 나온 빛이 과학실 칠판을 향하더니 곧 어떤 장면이 나타났다.

"하하, 놀랐니? 저길 잘 봐 봐."

"휴, 난 또 네가 화난 줄 알았잖아."

민호는 안도의 한숨을 내쉬었다.

"히히, 넌 아직 나에 대해 잘 몰라서 그런 거니까 똑똑한 내가 이해해야지."

"근데 저 장면들은 뭐야?"

"민호, 네가 인공위성에 관심이 많은 것 같아서 인공위성이 어떻게 만들어지고 어떻게 쏘아 올려지는지 알려 주려고."

"좋아! 빨리 알려 줘!"

인공위성 만들기

인공위성은 크게 설계와 조립 과정을 거쳐 만들어진다. 인공위성을 설계한 뒤, 준비 모델을 만들어 여러 시험을 마치고 조립하여 완성한다.

설계

인공위성의 모양과 크기를 결정하여 그림으로 그린다. 이때 인공위성을 어떤 재료로 만들 것인지도 결정한다.

준비 모델 제작

설계도를 바탕으로 준비 모델을 만든다. 즉 인공위성을 우주에 보내기 전에 문제점을 발견하고 설계를 고치기 위해 모델을 만들어 전기 기능 시험, 구조 열 시험, 소프트웨어 시험 등 각종 시험을 해 본다.

비행 모델 설계 및 부품 제작

준비 모델의 성적이 우수하면 실제 우주에서 비행할 인공위성 모델에 대한 구체적인 설계를 하고, 그에 들어갈 부품들을 제작한다. 각 부품의 성능도 꼼꼼하게 검사한다.

인공위성 조립

설계도를 바탕으로 부품들을 조립한다. 몸체가 되는 버스부와 인공위성의 임무를 수행하기 위한 장비들로 이루어진 미션부를 조립하면 인공위성 완성!

인공위성 쏘아 올리기

인공위성이 만들어지면 시험을 거쳐 우주로 쏘아 올려진다. 쏘아 올려진 인공위성은 우주에서 정상 궤도에 오른 뒤 임무 수행을 시작한다.

단계별 시험

조립을 마친 인공위성이 여러 환경에서 제 기능을 잘할 수 있는지 단계별로 시험한다. 단계는 세 가지이다.

1단계 발사 환경 시험 인공위성이 로켓에 실려 우주로 날아갈 때 발생하는 진동과 소음, 충격 등에 대비하는 시험이다.

2단계 궤도 환경 시험 진공 상태인 우주는 온도가 매우 높거나 낮은 상태여서 인공위성이 우주와 비슷한 환경에서 작동할 수 있는지 시험한다.

3단계 전자파 시험 우주에는 우리 눈에 보이지 않는 많은 전자파가 있어서 강한 전자파에 영향 받지 않고 제 기능을 할 수 있는지 시험한다.

발사

모든 조립과 시험이 끝나면 인공위성을 발사장으로 이동시키고, 인공위성을 운반할 로켓과 결합한다. 로켓과 인공위성의 결합과 분리에 문제가 없는지 시험을 거친 뒤 로켓과 함께 발사대로 이동한다. 관제소의 지시에 따라 카운트다운 10, 9, 8, 7, 6, 5, 4, 3, 2, 1, 발사!

임무 수행

목표한 궤도에 성공적으로 진입한 인공위성은 지상과의 교신을 통해서 궤도를 수정하거나 인공위성의 상태를 점검한다. 여러 기능이 정상적인 상태로 안정되면 인공위성으로서의 맡은 임무를 수행한다.

인공위성은 무엇으로 만들까?

"캔돌아, 그런데 인공위성은 무엇으로 만드니? 네 모습을 보니 알루미늄 같은 금속으로 만든 것 같은데 말이야. 인공위성은 우리가 사는 지구와는 다른 우주에서 임무를 수행하니까 좀 **특별한** 재료로 만들겠지?"

"물론이지. 가볍고, 충격에 강하고, 열에 잘 견디는 물질로 만들어."

"그게 어떤 물질인데?"

"유리 섬유, 탄소 복합 재료, 티타늄 합금, 특수 제작된 알루미늄 합금, 강화 섬유 플라스틱 같은 것들이야."

"무슨 복합 재료? 무슨 플라스틱?"

민호가 고개를 **갸우뚱거렸다.** 캔돌이는 조금 더 이야기해 주었다.

"인공위성의 겉부분은 특수 제작된 알루미늄 합금이라는 것을 재료로 써. 요즘은 1,000℃ 이상의 고온과 영하의 기온에서 모두 잘 견디는 타이타늄 알루미나이드라는 물질이 가장 적합한 재료야."

"타아타…… 어휴, 발음하기도 어렵네."

"인공위성의 안테나는 형상 기억 합금이란 재료로 만들어. 성질이 다른 금속을 섞어 새로운 금속을 만드는 것을 합금이라고 해."

우주 정거장도 특수한 재료로 만들지. 고장이 나면 사람이 직접 수리도 해.

이제 형상 기억 합금으로 만든 안테나를 펼칠 온도가 됐군.

"형상 기억 합금?"

"그래. 형상 기억 합금은 몇 가지 금속으로 만들어지는데 이름 그대로 자신의 모습을 기억하는 금속이야."

"와, 금속이 자신의 모습을 기억한다니 신기하다."

캔돌이는 인공위성의 안테나가 우주로 운반될 때 부피를 줄이기 위해 형상 기억 합금으로 만들어진다고 했다. 이 금속은 일정한 온도가 되면 처음의 형태로 돌아가는 성질이 있어서 인공위성의 안테나는 접힌 채로 로켓에 실려 우주로 운반된 뒤, 우주 공간에서 태양열을 받으면 원래의 모습으로 펴진다는 것이었다.

"또 인공위성의 표면을 보면 금박지 같은 것이 씌워져 있는데 이것을 다층 박막 단열재라고 불러. 이 재료는 온도 변화가 심한 우주에서 인공위성이 일정한 온도를 유지하도록 도와주지. 외부로부터 충격을 막아 주는 역할도 하고."

"구리, 돌, 철, 유리 같은 일반적인 재료들이 아니구나."

"그럼, 인공위성은 우주를 날아다니는 특별한 존재니까 재료도 특수한 것들로 만드는 거야."

우리나라에서 최초로 만든 로켓은 무엇일까?

 우리나라 최초의 로켓형 화기는 '달리는 불'이라는 뜻의 주화였다. 주화는 고려 말에 최무선이 만들었고, 조선 시대 세종 대왕 때에는 주화가 개량되어 신기전이 만들어졌다. 신기전은 대나무로 만든 화살대의 윗부분에 한지로 만든 약통을 붙여 만들었다. 약통에는 화약을 채우고 바닥에 구멍을 뚫어 화약이 연소되면서 가스를 분출시켜 로켓처럼 날아갈 수 있도록 하였다. 이후 화차가 발명된 뒤 화차를 발사틀로 하여 신기전을 발사했고, 무기로 사용되었다.

신기전 화차

우주 발사체와 미사일의 차이점은 무엇일까?

 우주 발사체와 미사일의 설계와 기능은 거의 같다. 하지만 우주 발사체는 인공위성 등의 우주 개발 임무를 수행할 물체를 싣고 있고, 미사일은 폭약이나 핵무기 등의 무기를 싣고 있다. 또 우주 발사체는 궤도를 그리며 지구 주위를 돌지만, 미사일은 포물선을 그리며 다시 땅으로 떨어진다.

인공위성

폭탄

Q | ## 세계 최초의 인공위성은 무엇일까?

 A | 세계 최초의 인공위성은 소련의 스푸트니크 1호로, 1957년 10월 4일 로켓에 실려 우주로 날아갔다.

스푸트니크 1호는 시속 29,000km의 속도로 비행했고, 궤도를 한 번 도는 데 96.2분이 걸렸다. 스푸트니크 1호는 3개월 동안 약 6천만 km를 비행하고, 대기권에 다시 진입하여 불타 버렸다.

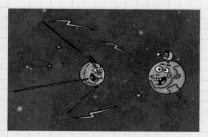

스푸트니크 1호

 Q | ## 인공위성을 쏘아 올리려면 어떤 과정이 필요할까?

 A | 우선 인공위성을 만들어야 하는데, 가장 먼저 인공위성의 크기와 사용할 재료를 결정하여 설계하고, 준비 모델을 만들어 본 뒤 조립하여 완성한다. 이렇게 인공위성이 완성되면 여러 가지 시험을 거쳐 로켓과 결합하여 발사된다.

❶ 인공위성 설계하기

❷ 각종 시험을 위한 준비 모델 만들기

❸ 비행 모델을 설계하여 부품 제작하기

❹ 인공위성 조립하기

❺ 발사 환경, 궤도 환경, 전자파 환경 시험하기

❻ 로켓과 결합하여 발사하기

❼ 궤도에 진입하여 임무 수행하기

3장

친절한
인공위성

인공위성이 하는 일은 많아

민호가 갑자기 캔돌이에게 다가가 캔돌이를 요리조리 살펴보며 말했다.

"그럼 너도 특수 재료로 만들었어?"

"그야……."

캔돌이가 우물쭈물하자 민호가 피식 웃더니 이번에는 캔돌이의 몸통을 통통 두드리며 말했다.

"선뜻 대답을 못하는 걸 보니 정말 깡통으로 만든 인공위성 아니야?"

"깡통이 아니라 알루미늄이야. 그것도 특별한 알루미늄!"

캔돌이가 살짝 인상을 찌푸리며 대답했다.

"그래. 그렇다고 쳐. 그런데 너처럼 생겨도 하는 일이 있니?"

민호의 질문에 캔돌이는 자신감 넘치는 목소리로 대답했다.

"물론이지. 인공위성이 하는 일은 무지 많으니까."

"그럼 네가 하는 일은 뭔데?"

"이래 봬도 한두 가지가 아니야."

"한두 가지가 아니면 세 가지?"

민호는 캔돌이를 놀리듯 말하고 깔깔대며 웃었다.

"민호, 너 또 나를 무시하는 것 같아!"

"미안. 진심은 아니야. 인공위성이 우주에서 무엇을 하는지 궁금하기도 하고, 또 너는 어떤 인공위성일까 빨리 알고 싶어서 그만……."

"난 친절한 인공위성이니까 이해해 줄게. 다음부터 그러면 안 돼."

"알았어."

"인공위성 덕분에 지구촌 사람들의 생활이 얼마나 편리해졌는지 알면 깜짝 놀랄 거야."

"캔돌이 너 자신감이 넘치는구나!"

"그럼! 나도 인공위성이 사람들에게 얼마나 많은 도움을 주고 있는지를 알고 무척 놀랐거든. 그래서 내가 인공위성인 게 정말 자랑스러워. 너에게도 꼭 알려 주고 싶어."

"그래, 좋아."

민호는 태연한 척 말했지만 캔돌이의 당당한 모습을 보고 속으로는 약간 놀랐다. 지금까지 장난감처럼 보이기도 했던 캔돌이에게서 인공위성 전문가 같은 느낌을 받았기 때문이다. 그런 캔돌이의 모습을 보자, 민호는 인공위성이 하는 일이 더 궁금해졌다.

민호는 점점 재미있어지는 캔돌이의 인공위성 이야기에 귀를 쫑긋 기울였다.

인공위성은 무슨 일을 하는 거야?
빨리 말해 줘!

알겠어. 하나씩
차근차근 알려 줄게.

날씨를 알려 주다

캔돌이가 칠판에 다시 빛을 비추자, 구름 사진이 나타났다.

"대한민국의 기술로 만든 천리안 인공위성이 우주에서 찍은 **구름 영상**을 보내왔습니다. 한반도 남쪽 제주 앞바다에서 일본까지 길게 걸린 장마 전선과 필리핀 동쪽 해상에서 발생한 태풍의 모습이 선명합니다."

"캔돌아, 갑자기 무슨 말이야?"

"**킥킥,** 기상 캐스터가 날씨를 예보하는 것처럼 해 봤어."

"그런데?"

"날씨 예보를 보면 나오는 구름 사진 있지? 그 사진이 바로 인공위성에서 찍은 사진이야."

캔돌이는 기상 관측소에서 관측한 자료와 인공위성에서 찍은 공기의 흐름과 구름의 이동 모습을 보고 날씨를 미리 예측해 사람들에게 알려 주

기상 위성이 보내온 우리나라 구름 사진의 모습이다.

인공위성이 보내 주는 사진으로 날씨를 미리 안다고!

는 것이 일기 예보라고 했다. 덧붙여 기상 관측을 하여 일기 예보에 도움을 주는 인공위성을 기상 위성이라고 부르는 것도 알려 주었다.

"그럼 기상 위성은 기상 관측을 하라고 우주에 보낸 인공위성이네."

"그렇지. 대기 현상을 관측하고 구름의 종류와 두께, 태풍의 발생과 이동 등을 관측하여 그 자료들을 실시간으로 지상에 보내 주지."

"만약에 날씨에 대한 정확한 정보가 없다면 어떨까?"

민호의 말에 캔돌이는 고개를 *절레절레* 흔들었다.

"민호야, 날씨를 모른다면 어떨 것 같니?"

"그야. 우리 생활이 불편해지겠지. 학교에서 체험 학습을 가거나 여행 가는 날을 정할 때 날씨를 미리 알 수 없으면 여행을 망치게 될 거야."

"어디 그뿐이겠니. 날씨에 대한 정확한 정보가 없으면 농촌에서는 갑작스러운 우박이나 냉해, 가뭄이나 홍수 등으로 한 해의 농사를 망치고, 어촌에서는 어부가 고기를 잡으러 바다로 나갔다가 태풍을 만나 위험에 빠질 수도 있지."

"정말 그렇겠구나!"

"비행기를 조종하는 조종사나 비행기의 길을 안내하는 관제사들은 날씨 예보를 듣고 정확한 날씨를 아는 것이 생명을 지키는 일이기도 해."

"그런데 기상 위성은 언제 생긴 거야?"

"1960년 미국이 **최초의** 기상 위성인 티로스 1호를 발사했고, 티로스 1호가 우주에서 지구의 구름 사진을 보냈어. 그때부터 기상 위성의 역사가 시작된 것이지."

그때 민호의 머릿속에 조금 전에 캔돌이가 날씨 예보를 **흉내 내며** 대한민국의 천리안 인공위성이라고 했던 말이 떠올랐다.

"그렇다면 천리안 인공위성이 우리나라의 기상 위성?"

"그래. 2010년에 대한민국이 만든 통신 해양 기상 위성이야. 미국, 러시아, 유럽 연합, 일본, 중국, 인도에 이어 우리나라가 일곱째로 기상 위성 보유 국가가 되었지."

기상 위성 조정 그룹이 만들어지다

이렇게 세계 각국은 지구 환경을 지키고, 기상 변화를 감시하기 위해 위성 정보를 공유하는 기상 위성 조정 그룹을 만들었다.

과학 연구에 참여하다

우리나라가 우리 기술로 세계에서 일곱째로 기상 위성을 쏘아 올리다니 민호는 왠지 마음이 뿌듯했다.

'우리나라 최초의 인공위성은 무엇일까? 언제 쏘아 올렸을까?'

민호가 이런 생각을 하다가 궁금증을 참지 못해 캔돌이에게 말하려는 순간, 캔돌이가 이번에는 뉴스를 전달해 주는 아나운서를 흉내 내며 말했다.

"드디어 킷샛에서 자료를 보내 오기 시작했습니다. **성공입니다.**"

"킷샛? 그건 또 어떤 인공위성인데?"

"킷샛은 1992년 8월 11일, 남아메리카 기아나의 쿠루 우주 기지에서 발사한 로켓에서 분리된 인공위성이야. 발사 12시간 만에 우리나라로 신호를 보내왔지."

와, 우주에서 우리별 1호가 보낸 사진이야. 우리나라가 한눈에 보여.

1993년 10월 8일 우리나라의 첫 인공위성인 우리별 1호가 보낸 한반도 사진이다.

"그럼 우리나라 인공위성이야?"

"그래. 킷샛이 우리나라의 첫 인공위성인 우리별 1호였어. 우리별 1호는 가로 35.2cm, 세로 35.6cm, 높이 67cm의 육면체이고, 무게는 48.6kg의 소형 위성이야. 1,300km 상공에서 지구 둘레를 돌면서 과학 위성의 역할을 성공적으로 해냈어."

"과학 위성?"

"그래. 우리별 1호처럼 과학 연구를 위한 자료를 수집하기 위해 만든 인공위성을 과학 위성이라고 해. 과학 위성은 지구와 지구 주변의 환경, 각종 우주의 변화와 우주에서 일어나는 여러 가지 현상을 관찰해."

"그렇구나."

"그런데 우리별 1호는 대한민국 혼자 만든 게 아니야. 영국의 서리대학과 공동으로 설계하고 제작했지."

우리별 1호가 영국과 공동 설계한 인공위성이라는 말에 민호가 크게 실망하자 캔돌이가 *재빨리* 덧붙였다.

"그다음 해인 1993년 9월 26일에 순수하게 우리나라의 기술로 설계하고 제작한 인공위성인 우리별 2호가 발사되었어."

"하하, 역시 우리나라도 인공위성 만드는 걸 성공했구나."

"그래, 또 2003년 9월 27일에는 대한민국 최초의 천문, 우주 과학 실험용 위성인 과학 기술 위성 1호가 발사되었지. 과학 기술 위성 1호는 하루에 지구를 14번 돌면서 우주를 관측해서 우리나라의 우주 과학 발전에 큰 도움을 주었어."

캔돌이의 말에 민호의 표정이 **확 밝아졌다.**

통신의 미래를 앞당기다

"민호야, 네가 가장 좋아하는 스포츠 선수는 누구니?"

"혹시 너도 알지 몰라. 축구 선수 기성용과 이청용, 그리고 야구 선수 류현진과 강정호! 이 선수들은 외국에서 활약하고 있어."

"그럼, 그 선수들이 외국에서 하는 경기도 본 적 있어?"

"그야 물론이지. 텔레비전만 틀면 외국에서 활약하는 한국 선수들의 모습을……. 혹시 이것도 인공위성과 관련 있는 거 아냐?"

"제법 똑똑하군! 한국 선수들이 외국에서 활약하는 **생생한** 장면을 실시간으로 볼 수 있는 건 통신 위성 덕분이야."

캔돌이는 통신 위성을 우주에 쏘아 올리기 전에도 외국에서 벌어지는 운동 경기를 볼 수는 있었다고 한다. 옛날에는 외국과 한국 사이에 전파를 중계해 주는 중계소를 세웠는데, 문제는 그 중계소를 **어마어마하게** 많이 세워야 했고, 전파 방해가 생기면 화면이 자주 끊겼다고 한다. 이런 문제점을 해결해 준 것이 통신 위성이라고 한다.

"통신 위성이면 전화와도 관계가 있는 거야?"

"그래. 한마디로 위성 방송을 시청하고 지구 어디에서도 전화로 연락하며 지구촌

이겨라! 와!

지금 유럽 축구 경기가 막 시작되었습니다.

안녕! 나는 통신 위성이야. 지구 주위를 돌면서 지상에서 보내온 신호를 받아 다른 지역으로 보내 주지.

시대를 앞당길 수 있었던 건 통신 위성 덕분이야!"

1960년 미국에서 에코 1호라는 통신 위성을 우주에 발사한 뒤로 통신 위성의 발전은 계속되었다는 캔돌이의 설명이 이어졌다.

"우리나라의 통신 위성은?"

"우리나라는 1995년 8월 5일 미국 플로리다 주 케이프커내버럴의 공군 기지에서 델타 2호라는 우주 발사체에 실려 무궁화 1호가 발사되었어."

"무궁화 1호가 우리나라 최초의 통신 위성이구나!"

"그렇지. 무궁화 1호는 방송용 중계기 3개와 통신용 중계기 12개를 탑재하고 위성 방송과 통신에 필요한 전파를 주고받으며 우리나라의 통신 위성 시대를 열었어. 그 뒤로 무궁화 2호, 3호, 5호도 발사되었고."

"무궁화 인공위성! 이름도 참 예쁘고 내가 좋아하는 스포츠 스타가 활약하는 장면도 **바로바로** 보여 주는 참 고마운 인공위성이네!"

민호가 활짝 웃으며 말했다.

인공위성 덕분에 실시간으로 유럽 축구 경기를 볼 수 있네!

89

군사 시설을 살피다

"인공위성이 하는 일이 또 뭐가 있을까?"

캔돌이가 민호에게 묻자 민호가 머리를 긁적이다가 이내 머리를 세차게 가로저었다. 아무리 생각해도 모르겠다는 말이었다.

"내가 힌트를 줄게. 한 번 생각해 봐. 1990년대 말 미국의 정찰 위성이 북한의 함경북도 길주군 풍계리에서 북한 군사들이 굴을 깊게 파고 길을 만드는 모습을 찍었어. 인공위성이 찍은 사진을 통해 미국은 북한이 핵 실험을 준비하고 있다는 것을 알아냈고, 그 뒤로 풍계리가 북한의 핵 실험장이라는 사실이 외부에 알려졌지. 자, 이 정도 힌트면 인공위성이 또 무슨 일을 하는지 알겠지?"

"응, 북한이 핵 실험을 하는 것을 알아냈구나!"

"그래. 이렇게 군사적인 중요한 정보를 알아내는 인공위성을 군사 위성이라고 불러."

"군사 위성! 그래 나도 그 말을 하려고 했어."

"피, 순 거짓말! "

민호가 대답 대신 피식 웃자 캔돌이도 따라 웃으며 군사 위성에 대한 이야기를 이어 나갔다.

"군사 위성들은 1991년 걸프 전쟁 때에도 큰 역할을 했어."

"걸프 전쟁이라면 미국, 영국, 프랑스 등 여러 나라가 중동의 이라크를 상대로 벌인 전쟁이지?"

"민호는 아는 것이 많구나!"

"헤헤, 뭐 그 정도쯤이야. 대한민국 초등학생으로서는 기본이지."

"그래? 아무튼 걸프 전쟁 때 미국의 군사 위성이 이라크에서 미사일을 발사하려는 사실을 미리 알아차려 전쟁의 피해를 크게 줄일 수 있었어."

"아, 그런 일이 있었구나!"

"다른 나라나 지역에 가 있는 군대나 비행기 등과 통신을 하는 데 사용하는 통신 위성, 잠수함이나 항공기의 정확한 위치를 알려 주는 항행 위성, 탄도 미사일의 목표를 정하거나 대륙 간의 거리를 정밀하게 측정하는 측량 위성 등도 모두 군사 위성에 속해."

"스파이가 나오는 영화나 전쟁 영화에서 군사 위성을 본 것 같기도 해. 정말 인공위성이 하는 일은 다양하구나!"

원격 탐사에 이용하다

"벌써 **놀랐어?** 인공위성이 하는 일이 아직 더 많은데."

"또 어떤 것들이 있는데?"

"우선 한 가지 물어볼게. 너 원격 조정이 뭔지 알아?"

"그럼, 나도 원격 조정이 되는 장난감 자동차가 있어. 멀리서도 장난감을 움직이게 하는 게 원격 조정이야."

"킥킥, 비슷해. 멀리 떨어진 곳에서 신호를 보내 어떤 기구를 움직이게 하는 것이 원격 조정이고, 빛이나 열, 전자기파를 이용해 멀리 떨어져 있는 대상에 대한 정보를 알아내는 것은 원격 탐사라고 해."

순간 민호의 눈이 **반짝였다.**

"인공위성이 원격 탐사를?"

"그렇지. 1999년 12월 21일 대한민국의 인공위성 한 대가 미국의 토러스라는 로켓에 실려 우주로 날아갔어. 인공위성의 이름은 아리랑 1호. 대한민국이 발사한 최초의 다목적 실용 위성이자, 원격 탐사 위성이었어."

헉헉, 가도 가도 사막의 끝이 안 보여.

나한테 맡기라고!

"아리랑 위성?"

"그래. 아리랑 1호는 지상 685km 상공을 돌며 관측했어. 아리랑 1호에는 지형과 해양을 관측하기 위한 카메라가 실려 있었는데, 하루에 120장의 사진을 찍어 우리나라의 연구소로 보내 주었지."

"**와! 대단한데.**"

"사람들은 인공위성을 이용해서 넓은 지역의 정보를 쉽게 얻고, 사람이 접근할 수 없는 곳의 정보도 얻을 수 있게 되었어."

"음, 인공위성이 사람을 대신해 주네."

"예전에 사람이 직접 탐사할 곳으로 가서 관측할 때는 많은 사람들과 비용이 필요했지. 하지만 인공위성의 원격 탐사로 적은 인원과 비용으로도 넓은 지역을 탐사할 수 있게 되었어. 또 아리랑 1호가 보내오는 사진은 **정밀한** 지도를 만들기 위해서도 사용돼."

"지도를 만들 때는 항공기에서 촬영한 사진을 이용하지 않아?"

"물론 항공기에서 촬영한 사진도 사용해. 하지만 아주 넓은 지역을 짧은 시간 동안 관측해서 지도를 만들려면 인공위성에서 찍은 사진을 이용하는 게 효과적이지."

"아, 그렇구나. 인공위성은 쓸모가 많네!"

인공위성으로 촬영한 사진으로 지도를 제작하기도 한다.

민호의 반응에 캔돌이는 어깨를 😊녹홰✨ 보였다.

"그뿐 아니야. 원격 탐사 위성이 보내온 자료들을 이용해 과학자들은 지구의 기후와 환경 변화를 예측해."

"음, 그건 아까 기상 위성들이 하는 일과 비슷하네."

"맞아. 인공위성이 보내온 자료들을 지속적으로 모아서 기후와 환경이 어떻게 변해 가고 있는지 앞으로는 어떻게 변할지를 예측하는 거야."

"예측한 자료로 뭘 하는데?"

"자료는 다양한 곳에서 사용돼. 도시를 설계하는 사람들은 농촌을

개발하여 도시를 만들 때 환경 오염을 최대한 줄일 수 있도록 하고, 산림 회사처럼 나무를 베거나 가꾸는 일을 하는 곳에서는 원격 탐사 위성을 이용해 어디서부터 어디까지 나무를 베고 어디는 어떤 나무를 심으면 좋을지를 판단하지."

"히히, 내가 준 정보 덕분에 농사도 잘되고 물고기도 잘 잡히니 뿌듯하군.

"인공위성이 관측한 자료는 우리 생활곳곳에서 사용되는구나."

"응. 농사를 짓는 방법을 연구하는 사람들은 원격 탐사 위성이 보내 준 자료를 이용해 환경이나 토양을 꼼꼼하게 파악하고, 그에 맞는 농사 방법을 개발해. 그러면 수확량은 크게 높이면서 농약이나 비료의 사용을 줄일 수 있지. 또 해양 관측 카메라로 바다 표면을 관찰하여 바다의 건강 상태와 물고기 떼가 있는 곳을 알아내기도 해."

민호는 이제 아리랑 위성을 왜 다목적 실용 위성이라고 하는지를 알 것 같았다.

"여러 가지의 목적으로 우리 생활에 이용하는 인공위성이니까 다목적 실용 위성이구나!"

민호가 손뼉을 치며 말했다.

인공위성이 준 정보대로 여기에 물고기가 많군.

인공위성, 고마워.

위치 찾기의 달인으로 활약하다

"인공위성의 여러 가지 역할에 대해 알게 되니 어때? 아직도 내가 시시한 깡통으로 보이니?"

"천만의 말씀. 네가 인공위성이라는 것이 논경스러워! 정말이야. 이제 더 이상은 없지? 인공위성이 하는 일에 대한 이야기를 다한 거지?"

"아직 한 가지가 더 남았어. GPS라고 부르는 위치 추적기에 인공위성이 이용된다는 거야."

"GPS는 나도 알아. 자동차에 달린 내비게이션이나 휴대 전화를 통해 위치를 알아내는 거지?"

"그래. GPS는 인공위성에서 보내는 신호를 받아서 사용자의 현재 위치를 계산하는 시스템이지. 항공기, 선박, 자동차 등의 내비게이션 장치에 주로 쓰이고, 최근에는 스마트폰, 태블릿 PC 등에서도 많이 활용되고

자동차의 내비게이션

휴대 전화의 위치 검색

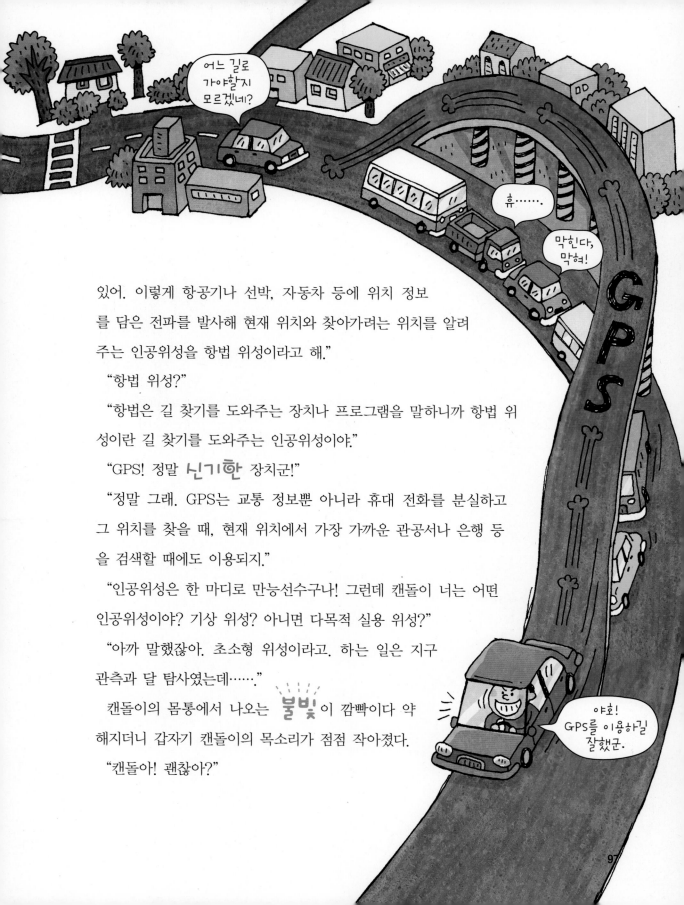

어느 길로 가야할지 모르겠네?

휴……

막힌다, 막혀!

야호! GPS를 이용하길 잘했군.

있어. 이렇게 항공기나 선박, 자동차 등에 위치 정보를 담은 전파를 발사해 현재 위치와 찾아가려는 위치를 알려 주는 인공위성을 항법 위성이라고 해."

"항법 위성?"

"항법은 길 찾기를 도와주는 장치나 프로그램을 말하니까 항법 위성이란 길 찾기를 도와주는 인공위성이야."

"GPS! 정말 신기한 장치군!"

"정말 그래. GPS는 교통 정보뿐 아니라 휴대 전화를 분실하고 그 위치를 찾을 때, 현재 위치에서 가장 가까운 관공서나 은행 등을 검색할 때에도 이용되지."

"인공위성은 한 마디로 만능선수구나! 그런데 캔돌이 너는 어떤 인공위성이야? 기상 위성? 아니면 다목적 실용 위성?"

"아까 말했잖아. 초소형 위성이라고. 하는 일은 지구 관측과 달 탐사였는데……"

캔돌이의 몸통에서 나오는 불빛이 깜빡이다 약해지더니 갑자기 캔돌이의 목소리가 점점 작아졌다.

"캔돌아! 괜찮아?"

STEAM 쏙 교과 쏙

 Q | 기상 위성이 보내 주는 자료로 무엇을 알아낼까?

A | 기상 위성이 보낸 자료를 이용하면 우리나라의 날씨를 더 정확하게 예측할 수 있다. 기상 위성은 대기 현상을 관측하고 구름의 종류와 두께, 태풍의 발생과 이동 등을 관측하여 자료들을 실시간으로 보내 준다. 이런 기상 자료를 이용하면 언제 어디에 비가 얼마나 내릴 것인지, 언제부터 태풍의 영향을 받을지 등을 알 수 있어서 피해가 없도록 미리 대비할 수 있다. 이렇게 날씨 정보는 우리 생활에 편리함을 준다.

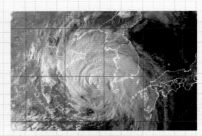

기상 위성이 촬영한 구름 사진

  Q | 과학 위성이 하는 일은 무엇일까?

A | 과학 위성은 우주 공간에서 궤도를 돌며 지구 상에서는 확인하기 어려운 천체나 우주를 생생하게 관측하고, 우주 환경에서 다양한 실험을 한다. 또 과학 위성은 지구 둘레뿐만 아니라 태양계 다른 행성의 주위를 돌기도 한다. 1992년 8월 발사된 우리나라 첫 인공위성인 우리별 1호도 과학 위성이며, 나로 과학 위성은 우리 기술로 만든 최초의 우주 발사체인 나로호에 실려 있었다.

Q | 외국에서 하는 운동 경기를 어떻게 우리나라에서 실시간으로 볼 수 있을까?

A | 통신 위성이 빠른 속도로 아주 많은 양의 정보와 자료를 이동시켜 주기 때문에 우리는 외국에서 하는 운동 경기를 실시간으로 볼 수 있다. 우리나라 최초의 통신 위성은 무궁화 1호로 대한민국의 통신 위성 시대를 활짝 열었고, 무궁화 2호, 3호, 5호도 발사되었다.

 Q | GPS란 무엇이고, 어디에 이용될까?

A | GPS는 인공위성에서 보내는 신호를 수신해 사용자의 현재 위치를 계산하는 시스템으로 내비게이션 장치에 많이 이용한다. 철새들의 이동 상황, 돌고래의 위치 파악 등의 자연 생태 조사나 농업, 산림 관리 등의 분야에도 GPS가 이용된다. 이때 항공기나 선박, 자동차 등에 위치 정보를 담은 전파를 발사해 현재 위치와 찾아가고자 하는 위치를 알려 주는 인공위성을 항법 위성이라고 한다.

4장

인공위성의 성공적 발사

속도 구하기

캔돌이가 좀 **이상해졌다.** 캔돌이 몸통에서 흘러나오는 불빛도 흐려지고, 캔돌이의 목소리도 느려진 것이다.

"괜찮아. 태양열 부족으로 배터리가 부족해서 그런 거야. 보조 배터리를 작동했으니 별 문제는 없을 거야."

민호의 걱정을 눈치챘는지 캔돌이가 다시 씩씩한 목소리로 말했다.

민호는 캔돌이의 상태가 걱정되기도 했지만 하늘에서 여러 가지 임무를 수행해야 할 인공위성이 왜 이곳으로 착륙했는지도 궁금했다. 그때 불현듯 민호의 뇌리에 스치는 생각이 있었다.

"캔돌아, 우주에 인공위성이 그렇게 많다면 인공위성끼리 **쾅** 하고 충돌하진 않니?"

민호는 혹시 캔돌이가 다른 인공위성과 충돌해서 학교 주변에 떨어지게 되었고, 누군가 과학실에 옮겨 놓지 않았을까 하는 생각이 들었다.

"물론 인공위성끼리 충돌 사고가 일어나기도 해. 차도를 달리던 자동차들이 충돌하는 것처럼."

"그러면 어떻게 되는데?"

"인공위성끼리 충돌하면 **번쩍하고** 빛을 일으키며 폭발해. 산산조각이 난 인공위성은 지구로 추락하거나 우주 쓰레기가 되지."

"그럼 네가 이곳에 떨어진 것도 혹시 그런 이유가 아닐까?"

"글쎄? 나도 잘 모르겠어. 하늘 높이 쏘아 올려져 임무를 수행하다가 갑자기 꽝 하는 소리와 함께 정신을 잃고 말았거든. 그리고 정신을 차려 보니 이곳 과학실이었지."

"그럼 인공위성이 **충돌하지 않게** 해야겠네. 방법이 있지?"

"응, 인공위성을 정확한 속도로 쏘아 올리고 목표한 지점에 도착하면 궤도를 잘 유지하게 해야 해."

"차도에서 자동차들이 안전한 속도로 달리고, 차선을 잘 지켜 달려야 하는 것과 같구나!"

"그렇지."

"그럼 궤도라는 것이 차도랑 비슷한 거야?"

"궤도는 행성, 혜성 같은 천체가 다른 천체의 둘레를 돌면서 그리는 곡선의 길이야. 인공위성이 원이나 타원을 그리며 지구 둘레를 도는 길도 궤도라고 하고. 어쨌든 인공위성이 충돌하지 않고 안전하게 임무를 수행하려면 가장 처음 풀어야 할 숙제는 뭘까?"

"그야, 우주로 날아가는 거지."

"그래. 그러면 우주로 날아가는 데 가장 중요한 것은?"

"로켓, 즉 우주 발사체?"

인공위성의 충돌 사고를 막기 위해서는 계산이 필요해. 그러려면 수학 지식을 알아야 해.

아, 그렇구나. 어떤 수학 지식인지 좀 궁금한데.

"정확하게 말하면 우주 발사체의 속도야. 속도에 대해 이해하려면 속력에 대해 알아야 되고."

"속도와 속력. 같은 말이 아닌가 보네."

"응, 조금 달라. 속력은 어떤 시간 동안에 물체가 이동한 거리야."

속력 = 이동 거리 ÷ 걸린 시간

"응, 그건 알고 있어."

"그럼 속도는?"

"속도는 속력에 방향을 더한 것을 말해. 예를 들어 자동차가 10초 동안 동쪽으로 30m, 서쪽으로 10m를 이동했다면 속력은 전체 이동 거리인 40m를, 움직인 시간 10초로 나눠야 해."

"그럼 속력은 초속 4m이지!"

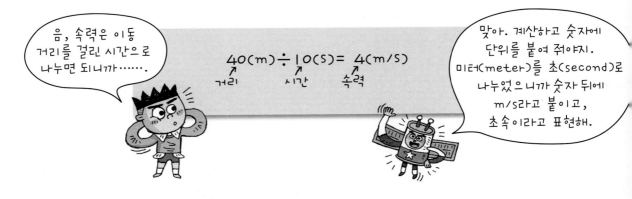

음, 속력은 이동 거리를 걸린 시간으로 나누면 되니까……

$$40(m) \div 10(s) = 4(m/s)$$
거리   시간   속력

맞아. 계산하고 숫자에 단위를 붙여 줘야지. 미터(meter)를 초(second)로 나누었으니까 숫자 뒤에 m/s라고 붙이고, 초속이라고 표현해.

"그렇지. 그런데 여기에 방향의 개념을 더한 속도는 동쪽으로 이동한 거리 30m에 반대 방향인 서쪽으로 이동한 거리 10m를 뺀 거리야. 즉 출발

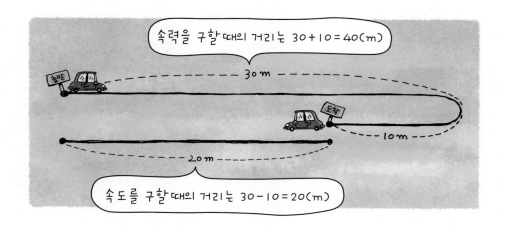

위치에서 도착 위치까지의 거리인 20m를 10초로 나누어야 하지."

"아, 그럼 속도는 초속 2m구나!"

"맞아. 그런데 로켓은 처음 발사 때부터 지구를 벗어나 우주로 날아갈 때까지 속도가 일정하지 않고 변해. 속도가 시간에 따라 변하는 정도를 가속도라고 하고, 가속도는 속도의 변화를 시간으로 나눠서 구해."

가속도 = (나중 속도 – 처음 속도) ÷ 걸린 시간

"음, 로켓의 속도가 **변한다고?**"

"응. 어떤 로켓의 속도를 1초마다 한 번씩, 모두 세 번을 측정했는데 처음에는 초속 10m, 두 번째는 초속 20m, 세 번째는 초속 30m였어. 즉 로켓이 1초당 초속 10m만큼 일정하게 속도가 증가하며 날아갔다는 거야. 이때 가속도가 $10m/s^2$이라는 것을 알 수 있지."

민호는 고개를 끄덕였다.

속도와 단위 비교하기

"캔돌아, 그런데 자동차 속도는 시속이라고 말하는데 로켓은 왜 초속이라고 해?"

"그건 로켓의 속도가 *매우 빠르기* 때문이야. 로켓은 1초 동안에도 먼 거리를 이동하니까 초속으로 나타내지."

"아, 속도가 매우 빠를 때는 초속을 사용하는구나. 시속은 물체가 1시간에 이동한 거리, 초속은 물체가 1초에 이동한 거리니까!"

종류	의미	단위
초속	1초 동안 물체가 움직인 거리	m/s, km/s
분속	1분 동안 물체가 움직인 거리	m/m, km/m
시속	1시간 동안 물체가 움직인 거리	m/h, km/h

초침인 내가 60칸 움직이면 분침이 1칸 움직여.

"맞아. 그럼, 로켓은 자동차보다 얼마나 빠를까? 자동차와 로켓의 속도를 비교하려면 우선 같은 단위로 맞추어야 해. 로켓의 속도를 자동차처럼 시속으로 바꾸면, 로켓은 1초에 8km를 움직이는데, 1분은 60초니까 1분에는……."

캔돌이가 말하기 전에 *재빨리* 민호가 말했다.

"초속을 시속으로 바꾸려면, 8km에 60을 두 번 곱해야 해."

"그렇지. 그럼 시속 28,800km야. 또 속도를 나타낼 때는 시간 말고 거

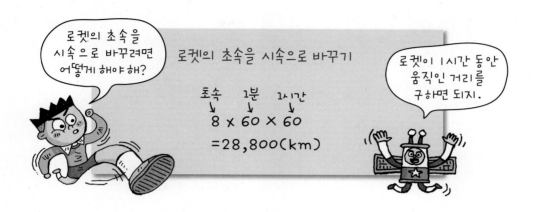

리를 나타내는 단위도 달라질 수 있어. 예를 들어 자전거의 속도가 시속 약 18,000m이고, 로켓의 속도가 시속 28,800km라고 할 때, 두 물체가 움직인 거리를 나타내기 위해 자전거는 m, 로켓은 km 단위를 사용했어. 그건 km가 m보다 1,000배나 큰 단위라서 그래."

$$1km = 1,000m$$

"아하, 그럼 자전거가 움직인 거리를 m가 아닌 km로 바꾸려면 1,000 으로 나누어 주면 되겠구나."

"그렇지. 계산하면 자전거의 속도는 시속 18km가 되지."

자전거가 움직인 거리를 km로 나타내기
$$18,000(m) \div 1,000 = 18(km)$$

궤도에 진입하려면

캔돌이는 최근에 쏘아 올린 인공위성에 대해 알려 주겠다고 했다.

"2013년 1월 나로호가 세 번의 발사 시도 만에 우주로 날아가 나로 과학 위성을 지구 궤도에 진입시켰어."

"나로호? 혹시 우리나라에서 만든 거 아냐?"

"그래. 나로호는 대한민국에서 최초로 만든 우주 발사체야. 우리나라의 기술로 만든 인공위성을 지구 궤도에 진입시키기 위해 개발한 것이지."

"그런데 인공위성이 지구 궤도 진입에 **성공했다는** 건 무슨 말이야?"

"인공위성이 우주에서 지구 둘레를 원이나 타원 모양으로 도는 길이 궤도이니까 인공위성이 궤도에 들어서서 일정한 속도로 돌게 되었다는 말이야. 물론 중력의 영향은 받고 있지만."

"어떻게 지구의 둘레를 **뱅뱅** 돌 수 있지? 참 신기하네!"

"그건 인공위성이 적당한 속도로 지구와 적당한 거리를 유지하고 있기 때문이야."

"적당한 속도와 적당한 거리?"

"그래. 만약 인공위성의 속도가 빨라지면 인공위성은 중력의 영향을 벗어나 멀리 날아가 버릴 거고, 반면에 속도가 너무 느려지면 인공위성은 중력에 끌려서 지구로 떨어지고 말 거야."

"그렇군."

캔돌이의 말처럼 인공위성은 적당한 속도로 지구와 적당한 거리를 유지하며 지구 주위를 돌고 있다고 한다. 지구에서부터 200~6,000km 정도의 높이에서 도는 인공위성을 저궤도 위성, 약 36,000km 높이에서 도는 인공위성을 정지 궤도 위성이라고 한다. 극궤도 위성은 저궤도 위성 중 하나라고 한다.

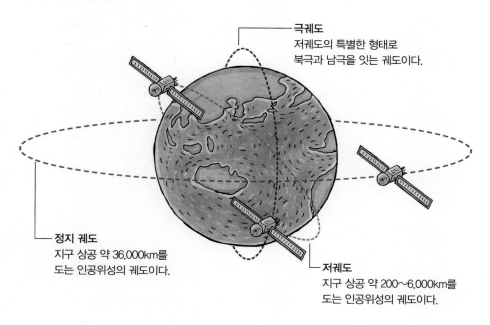

극궤도
저궤도의 특별한 형태로 북극과 남극을 잇는 궤도이다.

정지 궤도
지구 상공 약 36,000km를 도는 인공위성의 궤도이다.

저궤도
지구 상공 약 200~6,000km를 도는 인공위성의 궤도이다.

"저궤도 위성은 비교적 지구와 가깝게 돌고 있어서 지구의 아름다운 광경을 세밀하게 찍을 수 있어. 그래서 원격 탐사 위성, 기상 위성이 대부분 저궤도 위성이지."

캔돌이는 저궤도 위성의 주기가 궤도 높이에 따라 다른데, 보통 약 90~100분, 즉 지구를 한 바퀴 도는데 90~100분 정도 걸린다고 했다.

"나로호에 실어 우주에 쏘아 올린 인공위성은?"

"그야 저궤도 위성이지. 나로 과학 위성은 가깝게는 300km, 멀게는 1,500km까지 지구에서 가까워졌다가 멀어졌다가를 반복하면서 타원으로 지구를 돌았어."

"그럼 나로 과학 위성이 지구를 한 바퀴 돌려면 얼마나 걸려?"

"약 103분이었어. 여기서 질문 하나 할까? 나로 과학 위성은 하루에 지구를 몇 바퀴나 돌았을까?"

"하루는 24시간, 1시간은 60분이니까, 24시간에 60분을 곱해서 분으로 나타내고, 그 값을 103분으로 나누면 돼."

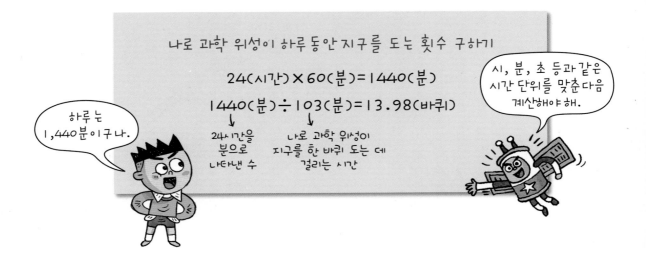

나로 과학 위성이 하루 동안 지구를 도는 횟수 구하기

24(시간) × 60(분) = 1440(분)

1440(분) ÷ 103(분) = 13.98(바퀴)

24시간을 분으로 나타낸 수

나로 과학 위성이 지구를 한 바퀴 도는 데 걸리는 시간

하루는 1,440분이구나.

시, 분, 초 등과 같은 시간 단위를 맞춘 다음 계산해야 해.

"와! 민호의 수학 실력이 대단하구나! 그래, 나로 과학 위성은 하루에 지구를 약 14바퀴씩 돌았지. 안타깝게도 지금은 통신이 두절되었지만."

"에구, 안타까워."

"그래도 우리에게 여러 가지 자료를 전해 줬어. 정지 궤도 위성은 지구의 적도 상공 약 36,000km 높이에서 지구 자전 속도와 같은 속도로 돌고 있어. 궤도 주기는 24시간이고."

"24시간 만에 지구 둘레를 한 바퀴 돈다는 거구나."

"그래. 지구에서 보면 위성이 항상 같은 위치에 있는 것처럼 보이기 때문에 이를 정지 궤도 위성이라고 부르는 거야."

"우리나라의 정지 궤도 위성은 어떤 거야?"

"대한민국의 다목적 위성인 천리안 위성이 대한민국 최초의 정지 궤도 위성이야. 여기서 또 질문! 저궤도 위성인 나로 과학 위성과 정지 궤도 위성인 천리안 위성의 거리는 어느 정도일까?"

"그야, 정지 궤도 위성인 천리안 위성의 높이 36,000km에서 저궤도 위성인 나로 과학 위성 높이 300~1,500km를 빼면 되지."

"와! 민호는 수학 박사구나. 그래. 계산해 보면 나로 과학 위성과 천리안 위성은 34,500~35,700km 정도 떨어져 있다는 걸 알 수 있지."

나로 과학 위성과 천리안 위성의 거리 구하기

36,000(km)-300(km)=35,700(km)
↑ 천리안 위성의 높이   ↑ 나로 과학 위성의 최소 높이

36,000(km)-1,500(km)=34,500(km)
↑ 천리안 위성의 높이   ↑ 나로 과학 위성의 최대 높이

캔돌이는 극궤도 위성은 북극과 남극을 잇는 궤도를 도는 인공위성이며 12시간에 한 번씩 같은 지역을 지나므로 자주 관측할 수 있고, 지구의 모든 곳을 볼 수 있다고 했다. 그래서 기상 위성, 군사 위성 등이 극궤도 위성으로 활동한다는 것이다.

얘들아, 안녕!
난 극궤도 위성이야.

저 인공위성이
또 보이는 걸 보니, 벌써
12시간이 지났나 보군.

에라토스테네스가 잰 지구의 둘레

지금은 인공위성을 통해 지구의 모양과 둘레를 알 수 있지만 옛날에는 어땠을까?

지구의 둘레를 재 보니 40,120km군.

1년 중 낮의 길이가 가장 긴 하짓날 정오가 되면 이집트 시에네에 있는 키레네 우물 속 한가운데까지 해가 비친다고? 그럼 바닥에 우물 그림자도 생기지 않겠네?

어? 알렉산드리아에서는 왜 기둥 그림자가 사라지지 않지?

같은 시간에 시에네와 알렉산드리아의 그림자 길이가 다른 건 지구가 둥글기 때문이 아닐까?

에라토스테네스는 지구가 둥글 경우 각도인 360°와 알렉산드리아에 세운 막대 끝과 그림자가 이루는 각도인 7.2°를 이용하여 지구의 둘레를 계산했다.

360°　7.2°　알렉산드리아　←
5000스타디아　← 햇빛
시에네　←

$7.2 : 360 = 5000 : x$ (지구의 둘레)

알렉산드리아와 시에네의 거리는 5,000스타디아. 계산하면 지구 둘레는 250,000스타디아!

1스타디아는 185m 정도니까 지구 둘레는 46,250km군.

헉,

내가 잰 것과 큰 차이가 없잖아!

무게 구하기

"이제 인공위성의 무게에 대해 알려 줄게. 우주로 날아가려면 가벼워야 하지만 여러 가지 장치들이 필요하니 무게 계산을 잘해야 해."

"계산이라면 자신 있어."

"좋아. 전체 무게가 140t(톤)인 로켓이 하늘로 날아갔어. 그리고 얼마쯤 날아가다가 로켓의 1단이 지구 상공에서 **툭 떨어져** 나갔어."

"그래서?"

"또 얼마쯤 날아가다 2단이 분리되고, 마지막으로 남은 3단이 분리되더니 인공위성만 남아 지구의 주위를 돌게 되었지. 이때 인공위성의 무게가 고작 100kg이라면, 로켓은 인공위성보다 몇 배나 무거울까?"

"g이나 kg은 알겠는데 t을 몰라서……."

"t도 kg처럼 무게를 나타낼 때 사용하는 단위야."

"kg과 t은 어떤 차이가 있는데?"

"t은 kg의 1,000배로 1t은 1,000kg이야."

"t이 kg보다 더 큰 단위이구나."

"응! 금이나 은처럼 무게가 비교적 적게 나가는 것은 g, 세탁기처럼 무게가 좀 나가는 것은 kg을 단위로 사용해. 트럭처럼 무게가 많이 나가는 것은 t을 기본 단위로 사용해."

"그렇구나!"

"이제 기본 단위를 알았으니 로켓과 인공위성의 무게를 수학적으로 계산해 볼까?"

"로켓의 무게가 140t이고, 인공위성의 무게가 100kg이라면, 우선 로켓의 무게를 인공위성처럼 kg으로 바꿔야겠군. 그런 다음 큰 수를 작은 수로 나누면 로켓이 인공위성보다 몇 배 더 무거운지 알겠네."

"민호야, 너 수학 실력 정말 최고다!"

"뭐 그 정도쯤이야. 로켓의 무게는 140,000kg, 인공위성의 무게는 100kg이니 로켓이 인공위성보다 1,400배 무겁다는 걸 알 수 있어."

로켓과 인공위성의 무게 비교하기

$$140(t) \times 1000(kg) = 140,000(kg)$$
$$140,000(kg) \div 100(kg) = 1,400(배)$$

로켓의 무게   인공위성의 무게

"딩, 동, 댕!"

"1000kg의 인공위성을 우주에 쏘아 올리는데 그보다 1,400배나 무거운 로켓이 필요하다니, 인공위성은 작지만 참 대단해!"

"……."

민호의 말에 캔돌이의 대답이 없었다.

"캔돌아!"

"……."

"캔돌아!"

"……."

캔돌이 몸통에서 흘러나오던 불빛도 꺼졌다. 캔돌이의 보조 배터리마저 수명을 다한 것이다.

민호는 갑작스런 헤어짐에 놀라며 눈물이 찔끔 났다.

"아직 듣고 싶은 이야기가 많이 남았는데……."

민호는 아쉬움에 캔돌이를 멍하니 바라봤다.

인공위성이 사라지다!

1998년 12월, 화성의 기후를 탐사하려고 지구에서 쏘아 올린 인공위성이 화성 궤도에 다가가다가 갑자기 사라진 일이 있었다.

이것은 속도나 재료에 문제가 아니었다. 기술력의 문제가 아니라 안타깝게도 간단한 실수 때문에 일어난 일이었다. 영국식 에너지의 단위를 미터법으로 잘못 계산해 입력해서 탐사선이 너무 낮게 비행하다가 화성의 대기권에 부딪혀 파괴된 것이다.

당시 많은 사람들이 놀라고 당황했다. 오랜 시간 동안 엄청난 돈을 들여 연구한 결과로 만들어진 탐사선이 단위를 잘못 계산하여 제 기능을 못한 채 사라졌다는 상실감 때문이었다.

단위는 길이, 무게, 부피, 시간 등의 수량을 수치로 나타낼 때 사용하는 일정한 기준이다. 나라마다 단위가 다르기 때문에 이 사건 이후 과학자들은 단위 확인에 더욱 주의를 기울이게 되었다. 간단한 형식이라고 대수롭지 않게 넘길 수 있는 부분이지만 단위의 사용이 잘못되었을 때 엄청난 결과를 초래할 수 있다는 교훈을 남긴 사건이었다.

그때 선생님이 민호를 찾으러 과학실로 오셨다.

"민호야, 여기서 뭐하고 있니?"

민호는 선생님께 과학실에서 일어난 이야기를 하려다가 그만 두었다.

"선생님, 저기 있는 깡통 말이에요. 꼭 인공위성처럼 생겼어요."

"그렇지? 얼마 전에 학교 담벼락 옆에 있는 걸 내가 과학실에 가져다 두었지. 왠지 인공위성과 같은 특별한 물체일 것 같아서."

"저걸 어떻게 하실 거예요?"

"전라남도 고흥에 있는 나로 우주 센터에 보낼 거야. 거긴 우주 발사체 발사 기지거든. 아마도 저게 인공위성이라면 하늘에서 뭔가 문제가 생겨

떨어진 걸 테니까. 민호야, 오늘은 너무 늦었으니 집으로 가자."

민호는 자기도 모르게 안도의 한숨을 내쉬었다.

'역시 캔돌이 말처럼 하늘에서 임무를 수행하던 중 원인을 알 수 없는 사고가 있었던 거구나. 캔돌이가 그곳에 가면 과학자들이 캔돌이 배터리도 충전해 주고, 수리도 해서 캔돌이를 다시 우주에 보내 줄 거야.'

밖은 이미 어스름해져 있었다. 민호는 집으로 가는 길에 **반짝이는** 별들을 보며 캔돌이를 떠올렸다.

'하늘에서 반짝이는 것들 중에 인공위성이 있겠지? 캔돌이도 언젠가는 저 별들처럼 하늘에서 빛을 낼 거야.'

Q | 인공위성은 궤도에 따라 어떻게 나눌까?

A | 인공위성은 궤도에 따라 저궤도 위성, 정지 궤도 위성, 극궤도 위성으로 나뉜다. 저궤도 위성과 극궤도 위성은 고도 200~6,000km 정도의 높이에서 돌고, 정지 궤도 위성은 약 36,000km 높이에서 돈다.

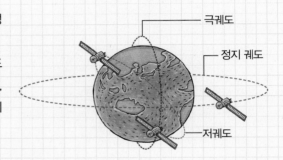

극궤도
정지 궤도
저궤도

4학년 1학기 수학 2. 곱셈과 나눗셈

Q | 어떤 자동차가 10초 동안에 30m를 나아갔다면 그 자동차의 속력은 얼마일까?

A | 속력은 이동 거리를, 이동하는데 걸린 시간으로 나누어 구할 수 있다. 따라서 속력을 구하는 식은 다음과 같다.

속력 = 이동 거리 ÷ 걸린 시간
= 30(m) ÷ 10(s) = 3(m/s)

따라서, 자동차의 속력은 초속 3m이다.

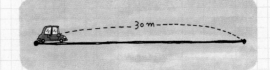

30 m

시속 80km의 자동차와 초속 8km의 로켓 중
어느 것이 더 빠를까?

 자동차와 로켓의 속도를 비교하려면 우선 같은 단위로 맞추어야 한다.

즉, 자동차의 속도를 초속으로 바꾸거나 로켓의 속도를 시속으로 바꾸어 비교한다.

초속 8km를 시속으로 바꾸려면, 1초에 8km를 움직이므로 8km에 60초를 곱하여 1분 동안 움직이는 거리를 구하고, 이 값에 60분을 곱하여 1시간 동안 움직이는 거리를 구한다.

따라서 8(km) x 60(초) x 60(분) = 28,800(km)이다.

초속 8km인 로켓의 속도를 시속으로 바꾸면 시속 28,800km이므로, 시속 80km의 자동차보다 로켓의 속도가 훨씬 빠르다는 것을 알 수 있다.

 1998년 인공위성이 왜 갑자기 사라진 걸까?

 1998년 화성의 기후를 탐사하려고 보낸 인공위성이 사라진 일이 있었다. 그 이유는 영국식 에너지의 단위를 미터법으로 잘못 계산해 입력했기 때문에 탐사선이 너무 낮게 비행하다가 화성의 대기권에 부딪혀 사라진 것이었다. 이후 과학자들은 단위 사용의 중요성을 깨닫고 더욱 주의하게 되었다.

핵심 용어

공전
한 천체가 다른 천체의 둘레를 도는 것을 말하는데, 한 바퀴 도는 데 걸리는 시간을 공전 주기라고 함. 태양 둘레를 도는 지구의 공전 주기는 1년임.

궤도
행성, 혜성, 인공위성 등이 다른 천체의 둘레를 돌면서 그리는 곡선의 길을 말함. 지구가 태양 둘레를 공전하는 궤도를 황도라고 함.

로켓
우주 공간을 비행할 수 있는 추진 기관을 가진 비행체로 로켓에 무기를 실으면 미사일이 되고, 인공위성 등을 실으면 우주 발사체가 됨.

만유인력
우주에서 질량을 가지고 있는 모든 물체가 서로 끌어당기는 힘을 말함. 지구가 다른 물체를 끌어당기는 힘인 중력은 만유인력의 한 예라고 할 수 있음.

속도와 속력
물체의 빠르기를 나타내는 방법으로 일정한 시간 동안 움직인 거리를 말하는데, 속력은 단지 빠르기만을 나타내지만, 속도는 어느 방향으로 얼마나 빨리 움직이는가를 나타냄.

우주
모든 천체를 포함하는 공간으로 정체를 모르는 암흑 물질, 암흑 에너지와 정체를 아는 별, 은하 등으로 이루어져 있음.

우주 정거장
지구 주위의 궤도를 도는 인공위성. 우주 비행사가 장기간 머물며 관측이나 실험을 하거나 연료 공급을 받기도 하는 곳.

원심력
원운동을 하는 물체에 작용하는, 원의 바깥으로 나아가려는 힘으로, 구심력과 크기가 같고 방향은 반대이며 관성력으로부터 변형된 가상의 힘.

위성
행성의 인력에 끌려 그 행성의 주위를 도는 천체로 달은 지구의 위성이고, 현재 태양계 내의 위성은 100개 이상이 있음.

위성 항법 장치(GPS)

내비게이션에 주로 쓰이는 장치로 인공위성에서 보내는 신호를 수신해 사용자의 현재 위치를 계산하는 시스템.

인공위성

지구에서 사람이 로켓으로 쏘아 올려 지구나 우주에 있는 다른 천체 둘레를 계속 돌도록 만든 물체임. 그 목적에 따라 기상 위성, 과학 위성, 통신 위성, 군사 위성, 항법 위성 등으로 구분함. 또 궤도에 따라 저궤도 위성, 정지 궤도 위성, 극궤도 위성으로 구분함.

자전

지구와 같은 천체가 자전축을 중심으로 하여 스스로 도는 것을 말함. 지구는 서쪽에서 동쪽으로 하루에 한 바퀴씩 자전을 하는데, 지구의 자전으로 낮과 밤이 생기고 태양과 달은 동쪽에서 떠서 서쪽으로 지는 것처럼 보임.

중력

지구에 있는 물체가 지구 중심으로부터 받는 힘으로, 지구가 물체를 끌어당기는 힘.

천체

항성, 행성, 위성, 혜성, 성단, 성운 등 우주에 있는 모든 물체.

태양계

태양과 태양의 주위를 도는 지구, 금성 등의 행성과 수많은 소행성과 혜성 등이 운동하는 공간.

태양 전지

태양의 빛 에너지를 전기로 바꾸는 장치로 인공위성의 전원 등으로 사용됨.

합금

하나의 금속에 성질이 다른 둘 이상의 금속이나 비금속을 섞어서 녹여 새로운 성질을 갖는 금속.

항성

태양처럼 스스로 빛을 내는 천체로 별이라고도 함.

행성

스스로 빛을 내지 못하고 중심 별인 항성의 주위를 도는 천체로, 태양계에는 수성, 금성, 지구, 화성, 목성, 토성, 천왕성, 해왕성의 여덟 개가 있음.

일러두기

1. 띄어쓰기는 국립국어원에서 펴낸 「표준국어대사전」을 기준으로 삼았습니다.

2. 외국 인명, 지명은 국립국어원의 「외래어 표기 용례집」을 따랐습니다.